U0076599

幹話心理學——筆

為何我們這樣相愛，那樣分手

悅知文化

在我們懂得如何去愛之前

「我不會愛你，那你要教會我嗎？」

原來，我也不太會愛。直到遇到了很多人、經歷了很多事、失去了很多情。後來我才明白，喜歡一個人是件很簡單的事，但是，好好談一段戀愛卻很不容易。

因為要從零開始，學會與一個陌生人聊天、相處、生活，一起規劃與想像兩人的未來。你們都是第一次與對方談戀愛，這件事談何容易？原本互不相干的兩人，因為其中一方的主動介入而產生了關係，那麼，關係中的雙方就都有義務向對方負責。

突然想起，很久以前曾經喜歡過一個人。
她很好，但是我卻很少說出口；她很好，但是我卻時常不理會。她是一個很好的人，但我卻放棄珍惜。
因為那時的我並不好，我害怕會讓她受傷而故意拉開距離，卻沒有發覺，這才是最讓她受傷的地方。

後來的我們，因為升學的緣故而分離。

我曾經問過自己，如果還有一次機會，你會怎麼選擇？我想，那時的我還是會放棄，因為我不懂得如何去愛，只知道如何喜歡。

這之後，我思考了很久到底戀愛是什麼？

其實，它沒有想像中複雜，只不過是兩個人願意相愛罷了。

猶記得，每次談戀愛都會遇到的問題：「你會喜歡我多久？」

我很想回答：「這個問題，你從上輩子就開始問我。」

一段感情的基礎無非是信任帶來的安全感。

人們從來沒有對關係抱持著多大的渴求或期待，只是希望能從這段關係確立自我價值、尋得生命的意義，因為被他人喜歡，就是一種證明自我價值的方式。

那麼，人一生中會談幾次戀愛呢？

有些人說：只需要三次就是一輩子。

第一次戀愛，是青澀；第二次戀愛，是成熟；第三次戀愛，是珍惜。

每一段感情，為人們帶來的收穫都不同。

初戀總是令人難忘，也最讓人心碎。因為彼此都不懂得該如何在一段感情中好好相處，只能透過不斷地互相傷害，才能確認彼此的喜歡。在這段關係中，很多事都充滿了新鮮感，雙方藉由不斷地嘗試與磨合，來確定什麼是愛，什麼是喜歡。很少人能第一次就把戀愛談好，因為我們並不熟悉它的模樣。

第二次戀愛總是令人惋惜，也是最讓人後悔的。雖然彼此都知道該如何扮演好另一半的角色，但卻因為有太多的顧慮與限制，反而讓雙方開始在這段感情中迷失了自己。

很少人第二次就知道如何在愛情中找到平衡，因為我們並不理解它的本質。

最後一次的戀愛稱為珍惜，畢竟人們總是要瞭解了失去與後悔的滋味，才能學會成長。這一次，兩人不僅學會如何在這段感情中呈現真實的自己，也能扮演好另一半期待的模樣。

但是，終究還是很少人懂愛，因為我們並不知道它的意義。

這本書，想從情人之間的相處，帶領大家認識何謂「愛」。事實上，愛可以是任何形式，它活在每個人的日常生活中。無論是家人的相處、情侶的互動或朋友的交流，都是一種愛的流動。

我們最能夠體驗到愛情的時機，通常是在與另一半磨合時，能夠從與對方的相處中窺見愛情的模樣，並嘗試與它好好相處。但有時候，我們卻忽略了與自己的對話。

「在愛上別人之前，請先愛自己。然後才能『放心去愛』。」

● 人氣圖文創作者_米斯特 miisteros

關於愛情，所需經歷的過程及心理狀態，都巧妙的結合在這本書中。而愛情，其實也有順序，經歷的每個階段都具有複雜的心理情緒，這些體會與感受，就是最「獨一無二」的。「如果有一天，我們要練習一個人」，是書中我最喜歡的一個章節。不論感情最後的結果如何，只要你對這段感情全心全意付出過，即使對方離開天秤的另一端，在愛情世界中，你也會有所獲得，且更能成熟以待，最後再次找回平衡點。

● 諮商心理師_草木談心 podcast

幹話心理學透過淺顯易懂的文字，完整描述戀愛的過程，從曖昧、交往到分手，娓娓道出感情的樣貌，描繪在感情中內心細膩的感受。這本書就像是一本戀愛指南，陪伴讀者在戀愛中經歷的酸甜苦辣，讀著讀著，也許你會感同身受，也許你會得到新的想法，也或許心裡的某個部分，就被療癒了。

身為諮商心理師的我們，個案帶著情感困擾尋求協助很常見，書中許多的觀點也和我們看法相似。許多人渴望愛，卻也在愛中受傷。面對愛，我們永遠都在學習，練習愛與被愛，練習表達自己和理解伴侶，練習互相靠近又不失去自己。愛，是一輩子的功課，不論你有沒有交往對象，都適合閱讀這本書。

目錄

Chapter 01
序曲：認識愛情

Chapter 02
偷偷喜歡著，不想只是朋友

目錄

Chapter 03
愛情才要開始，
愛情的解答就是你

Chapter 04
只想好好在一起，
愛的語言怎麼說

目錄

Chapter 05
好聚也要好散，當分手來臨時

Chapter 06
如果有一天，我們要練習一個人

目錄

Chapter 01

序曲：認識愛情

人一生中，會談幾次戀愛？

也許，是三次吧！

第一次是青澀；第二次是成熟；第三次則是珍惜。

在愛上別人前，請先愛自己。然後，這次你才能「放心去愛」。

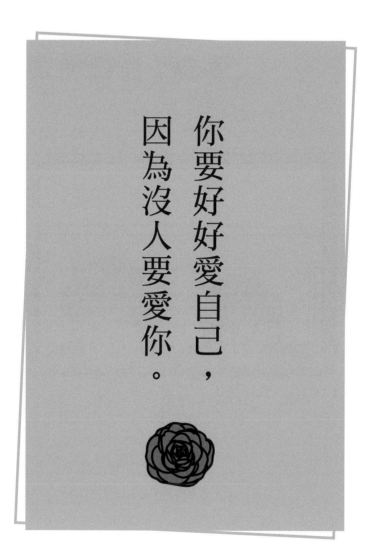

你要好好愛自己，因為沒人要愛你。

「喜歡的人，總是會愛上別人。」

我總覺得自己有種魔力，只要是自己喜歡的
人，最後都會愛上別人。

「我喜歡你，請跟我交往。」女孩站在鏡子前
練習，這個動作她今天已經做了276遍。
「還是很奇怪啊！到底要怎麼告白。」

女孩很喜歡同班的男孩，不僅是因為外貌或成
績，更是因為他的溫柔。
曾經面臨退學問題的她，被他拯救過一次，至
今回憶起來還是很深刻。
想到這裡，女孩頓時又臉紅了。
「希望明天的告白會成功。」

放學時間，女孩一如既往獨自站在校門口。
她每天都會等待男孩下課，看著對方離開學校

的背影，然後才離去。

但今天隨著時間過去，男孩似乎比較晚出現。

她左顧右盼，才總算等到男孩。

但與以往不同的是，這次他牽著另外一位女孩迎面走來。

「咦？妳怎麼還沒走？」

「啊，我在等人……」

「等誰啊？那我們先走囉，早點回家啊。」

看著男孩與她離開的背影，女孩只能勉強地擠出笑容。

「終究，還是在等一個等不到的人。」

自己喜歡的人最後卻喜歡上別人，這並不是電影劇情，而是每天都會發生在現實生活中的一隅。

當人們喜歡的對象不喜歡自己，甚至愛上別人時，

心中會率先產生焦慮反應，這份壓力是源自於對自我價值的懷疑與不安，同時會開始責怪自己。

此時，可能會冒出許多諸如「能力不夠好」、「外貌不夠出眾」的負面想法，讓自己深刻相信「我配不上他」。如果這種自我譴責（self-condemnation）的情形沒有得到緩解及改善，更有可能會造成一連串的負面循環，導致憂鬱纏身。

♡瞭解並認清感情的本質

每個人的愛好本來就不同，即便是勉強在一起，強求來的愛情也不會長久。

從最初見面，人們就開始對一段關係進行評分，衡量相處過程的感覺、生活習慣、價值觀等因素，甚至也會受心理效應的作祟影響，舉例來說，像「錯誤歸因」（Misattribution of arousal）中常見的「吊橋效應」（Suspension Bridge Effect），當一

個人害怕地走過吊橋，這瞬間因為不安而產生的心跳加速，很容易被人們當作遇見心儀對象時心跳加速的情況，因此，這時若剛好看見一個人，很容易誤以為自己喜歡上他。又或者在約會時，可以在山上或摩天輪等高處，向對方告白表達自己的感情，此時因應吊橋效應的影響，告白成功的機率也會大幅提升。

人們建構的複雜感情會受這些事物左右，最終在內心產生一套結論，挑出最憧憬的對象發展一段關係。若有幸進入愛情，雙方會開始構築未來，透過包容、同理等方式，從最根本開始習慣對方，這樣的感情會走得更加長久。

「一樣米養百樣人」，不同人有不同的偏好，在感情中，我們不該想著要如何影響他人的選擇，而是應該盡力地做好自己。人們喜歡真實，卻害怕自我揭露帶來的傷害，但是，表現出最真實的一面，可

以生活得比較輕鬆、不做作，另一半愛上的才會是真正的「你」。

♡看淡關係懂得如何放下

每段關係能否走得長久，除了彼此的努力外，也會需要一點點幸運。

「失去一段感情後，有時我們懷念的並不是對方，而是曾經為了這段感情深刻投入的自己。」

結束一段關係後，我們之所以會產生後悔、厭惡，甚至是焦慮的心情，全是因為害怕失去，失去一個喜歡的人，同時也失去了那個曾經喜歡他的自己。

想要走出這段單戀關係，要學會覺察自我情緒。

嘗試找出是什麼樣的因素，影響自己產生這種心態或情緒，在與朋友、家人的聊天過程中，重新整理對這段感情的感受，或者可以用筆寫下這段感情中

的自我。透過這些自我對話的方式，再經過分析與反思，你會發現有時自己擔心的事情，不過就是一種自我揣測。

覺察情緒之後，再來好好處理它。這時可以做一些原本擅長的事情來鼓勵自己，並且正面積極地看待生活。舉例來說，每天對著鏡子鼓勵自己，說三次自己很棒。

♡擁抱自我提升自我價值

無論是誰，都一定會有正面及負面情緒，想要處理每種情緒，我們首先要學會愛自己。

學會愛自己，並試著讓自己成為一個更好的人，是一種跳脫自我懷疑的最佳方法。

培養內在與外在的涵養，能夠增進自我魅力，吸引更多人看見自己。尋找一個真正懂得欣賞你的人，

雖然是一趟艱難的道路，但在過程中我們會更加理解自己，擁有什麼樣的特質、適合什麼樣的人。

不喜歡你的人是因為不瞭解你的好，因此你應該想辦法讓自己更好、被更多人看見。想找到一段美好愛情，必須先讓自己成為一個完整的人，才能夠欣賞對方。

每個人都是獨一無二的，當你足夠瞭解自己、欣賞自己，才會遇見能夠欣賞你的那個人。

關於戀愛
我從沒遇過問題，
因為我連談都沒談過。

人們崇尚美好浪漫的戀愛，但在追求愛時，卻也容易在愛裡迷失。

對於愛情，身處在不同年齡階段的人們，對憧憬的戀愛有著不同的期待與盼望。年輕時，我們總會想著找一個能帶自己到處去玩、去體驗各種生活的人；等到中年時，則會想著找一個能帶給自己一段穩定關係，有著平穩工作、安逸生活的伴侶在一起，然後步入婚姻；直到老年時，則是想要找一個能陪伴自己走完最後人生的另一半。

對於親密關係，我們習慣抱持著高度期待，然而，這可能會導致我們在發展一段新關係前，容易想太多而患得患失。例如，我們在談戀愛時，總會考量到現實環境，包含家人對自己另一半的期待，自己對另一半物質、心靈層面的考量。愛情與麵包若是無法兼顧，勢必會變成一道難解的選擇題。

此外，即便我們已經在某個程度上通過自身條件來

滿足對現實環境的考量，例如你是月薪十萬的主管、有資產的企業家等，相對比較不需擔心生活上的支出，但卻鮮少有機會能遇到合適的對象，無論是外在特質如外表、穿著、給人的感覺，或是內在特質包含個性、興趣嗜好、價值觀等。

因為找不到適合的人，使得我們對追求愛情提不起勇氣，萌生退卻的念頭。

最讓人畏懼開始一段新感情的原因，無非只是「害怕受傷」。

人們討厭被拒絕的感受，尤其是當還沒開始前，就會開始找各種理由來幫助自己建立心理防衛機制，假定自己一定會失敗；若是不小心成功，反而有一種賺到了的感覺，若是失敗，也不會因為自己過度的期待落空，而遭遇難以復原的痛苦。

事實上，我們要做的不是找出一定會成功的路，而是把這條路導向成功。就如同感情很難找到對的人

或百分之百適合的人，而是要學會好好經營關係。

維繫一段感情關係的過程中，對方不可能每時、每刻都符合自己的期待，所以難免會受傷。但這並不影響自己對這段關係與另一半有所盼望，也正因為對關係有所期許，才會付出更多努力，與對方攜手維繫這段親密關係。

受傷也許令人感到難受，但它能幫助你更珍惜身邊愛你的人。

因為有了傷痕，才能學會如何慢慢療傷，進而成長為一個更好的人；也正是因為有這些傷痕相伴，才會知道快樂原來有多麼珍貴、愛情有多麼可貴。

鼓起勇氣去愛，才會理解真正的喜歡原來就是這麼一回事。

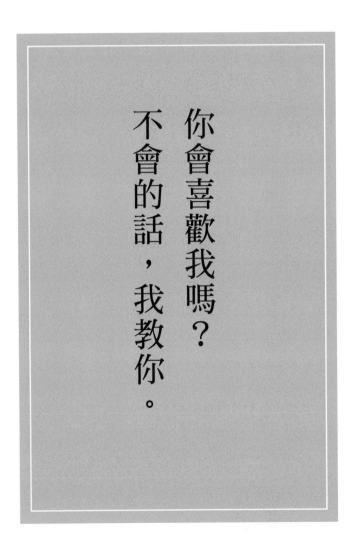

你會喜歡我嗎？

不會的話，我教你。

「戀愛，不只是練習去愛，也要練習被愛。」

人們的每一段關係，都是因為彼此願意共享才開始建立的。有人說，每個人都生活在不同時區，擁有各自的速度與步伐。你是否曾想過，原本身處兩個不同時區的人，最後是怎麼走到一起的呢？

每個人都有自己獨特的認知、想法、價值觀，在成長的過程中，都是將自己的生活經驗內化，以面對外在現實，這些也都會影響我們對不同事物的認同與解讀。

人可說是較為主觀的動物，通常都會根據自我想法付諸行動。

然而，人與人的交流，若僅根據自己的意識與想法去進行，會讓彼此雙方在互動的過程中產生極大的

衝突，因為我們的認知並非完全符合對方所體認的事實。

所以，在最初的交流時，人與人通常會透過自我隱瞞或欺瞞的方式，選擇性地著重在與對方相似處的交流上，並刻意地避開某些相異的地方；同時人們也會傾向放大優點、掩飾缺點，讓這段關係得以良好發展。

但是，隨著相處的時間一長，雙方也會逐漸意識到，某些存在於關係中卻無法說明和討論的隔閡，使得這段關係被迫進入一段溝通磨合的過程。在這個階段，我們會展現出最真實的一面，同時看到過去那些對方刻意隱藏的缺陷與細節。相處過程中，我們會時不時表露出最真實的自我感受，無論是喜歡或是厭惡對方的某些行為，都會即刻反應讓對方知道。

其實這就是我們在學習與一個人相處的過程。

坦白說，從朋友到情人，也不過如此。

在成為情人之前，我們都需要先當彼此的好朋友。

不僅是因為需要熟悉彼此的相處方式，同時也要確認雙方是否能夠磨合或適合彼此。

當相處時間一久，願意相互接納、包容、信任、尊重、理解、付出，同時給予對方適當的激情與承諾，兩人的關係就會逐漸昇華為戀人關係。

戀愛，有時也是練愛。

練習愛情，練習如何去愛。

談戀愛
其實很簡單，
只要有你。

戀愛，一直是人們最關注的議題之一。

每個人都具備喜歡與愛的能力，然而，對大部分人來說，難以界定戀愛中的喜歡與愛的相似和不同，因此很容易把喜歡當作愛，認為愛就是一種喜歡。

到底什麼是喜歡？什麼叫做愛？

喜歡與愛之間的差別又是什麼？

事實上，喜歡與愛看似相像，卻又不太類似。

如果用一個淺顯易懂的生活事物舉例的話，

喜歡一個人就像是「你想要吃一塊巧克力蛋糕」，

而愛一個人則像是「你享受吃一塊巧克力蛋糕」。

喜歡可能源自於對人事物的好奇，它有吸引你靠近的地方。

當你第一眼看到巧克力蛋糕時，會因為它綿密鬆軟的外表、散發出的香氣而被吸引。這就像是喜歡一個人之前，會被對方的外貌、才藝等外顯特質而吸引一般。

在好奇心的驅使下，會開始思考是否要靠近對方，去探索與理解對方不一樣的另一面，在與對方的互動過程中，彼此的關係也會越來越親密。

但這僅僅是靠近觀察，而非直接嘗試。此時，你並沒有吃下這塊巧克力蛋糕，因為還是有點害怕這塊蛋糕會不會藏著一點小心機。

所以，我們在和其他人相處與互動的過程中，就會透過觀察與試探來理解對方是否是自己能夠接納與渴望的對象。

經過一段時間的觀察與相處，你忽然發現這塊蛋糕

撒有糖霜，看起來恰巧是一顆愛心的模樣。

愛則是昇華後的喜歡，不只是單純受到它的吸引，更是享受與它相處的過程。

蛋糕不斷散發出迷人的香氣，
聞起來正是你最喜歡的香濃巧克力。

為了自己喜歡的人事物，你會不顧一切地投入。
於是你開始投入自己所有的專注力和情感，只為了吃到一口巧克力蛋糕。

拿起叉子輕輕地切開蛋糕體，蛋糕爆漿流出熱騰騰的奶油和榛果。你露出一點驚訝的表情，因為這時才發現，對方和你想像中不同。

雖然外表看起來像塊巧克力蛋糕，實際上卻只是一塊普通的奶油蛋糕。
就像是只有在實際與一個人相處後，彼此才會在不

斷自我揭露的過程中，漸漸地更加瞭解對方最真實的一面。

有些人會驚覺自己受騙了，開始對著蛋糕大吵大鬧，因爲它並非自己所想像的模樣；但有些人會選擇包容接納，因爲這塊蛋糕剛剛好適合自己。

喜歡與愛最大的差別，就在此處展現。
因為愛，就是無論對方變得如何，這份喜歡都會存在自己心中。

Chapter 02

偷偷喜歡著，不想只是朋友

最親密的距離約為0～45公分，一般來說，這是戀人間時常保持的距離。
在這麼近距離的接觸下，通常能聽到彼此的呼吸、心跳聲，
也時常會有些許的肢體碰撞與交流，是屬於極度信任對方的距離。

「人跟人應該保持距離，像我們就應該零距離。」

不只想做你的朋友，更想做你的情人。

你還記得，第一次見到對方的感覺嗎？

人們普遍偏好追求美麗的人事物，我們追求美好不僅是因為內心的渴求與慾望，也可能是因為自我意識的投射。

你一定曾幻想過自己未來也能成為一樣漂亮、厲害的人，因為有所憧憬而帶來的正面能量，將會為人生帶來好的成長循環。

在心理學中，有一個效應叫「月暈效應」（Halo Effect），於1920年時由美國心理學家Edward L. Thorndike提出。月暈效應，指的是人們對他人的既定印象通常來自於第一印象，我們會習慣從這個

印象推論出認知對象的所有特質。雖然也許只認識
對方的局部特質，但會根據我們的主觀判斷而得出
整體印象。

即便對這個人的第一印象很模糊，我們仍會試著從
局部推敲或想像的過程中，最後以偏概全地認定這
個人的樣貌。

因此，若是對這個人有好印象，就很容易把這個想
法擴及到對方的周遭事物。

正面的人際擴散指的是月暈效應，而負面的印象擴
散則被稱作「尖角效應」（Horns Effect）。若是
這個人讓我們留下負面的想法時，我們同樣也會用
主觀的意識角度，認定這個人與其周圍的相關事物
都是不好的。

無論是從上述提及的月暈效應或尖角效應都可以發
現，人們對於一個人的評價很容易受到第一印象的

The reason we love each other.

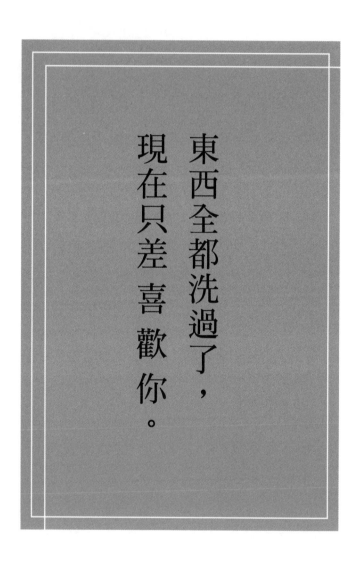

東西全都洗過了，
現在只差 喜 歡 你 。

喜歡一個人一定有原因嗎？還是這只是生理因素作祟？你還記得，第一次喜歡上一個人是什麼感覺？

在相處過程中享受到快樂、感受到溫暖，
對方的每個舉動都能使自己感到著迷。
事實上，人們之所以會喜歡上一個人，
無非是先受對方的外在特質和內在涵養吸引，
並在長期相處下，逐漸確立彼此的關係定位。

簡單來說，就是因為這個人能為自己帶來價值。
一般而言，戀愛關係通常會建立於幾種情況：

有一種喜歡叫彼此「互補」。

你一定會遇到一個人，他身上有著你很渴望卻不具備的特質。

對你來說，他的存在就像是閃閃發光的星星。

你對這份特質的渴求或對這個人的盼望與期待，

間接使得自身的感性優先於理性思考，

激盪起內心對這段關係的美好想像。

舉例來說，像與帥哥、美女交往。

有一種喜歡叫「彼此相似」。

你也一定會遇到一個擁有和自己相似特質的人。

對你來說，他的存在就像是另一個自己一樣，

你會覺得對方很懂自己、心中產生相互理解的同理感受。

伴隨這份相似性而來的安全感，

能讓你在這段關係中更容易展現自我。

然而，其實沒有任何一段關係，是完全地互補或完全地相似。

反而是彼此同時具備互補與相似的特質時，能因為互補性而欣賞並崇拜對方；也能因為相似性而理解並體諒對方，這樣才會是完善且雙向的良好相處。

因為對每一段關係來說，
我們喜歡上一個人不是因為他多好、多好，
而是因為他對我們來說「剛剛好」。

我想嘗試做訓練，像是對你的依戀。

遇見喜歡的人，通常會表現出什麼反應呢？

事實上，在我們遇見心儀對象時，通常會連帶產生許多反應，包含臉紅害羞、開心雀躍、緊張不安、心跳加速、呼吸急促、肢體碰觸、各種情緒交雜的感覺，甚至可能會產生內心的錯覺。

人們常說，對一個人心動，就代表喜歡。
但心動這件事，真的是催化感情的原因嗎？

若是從心理學的角度來分析，其實心動的感覺或某些情緒感受，就算最後都出現相同的結果，例如心跳加速，一開始造成這樣結果的原因卻不相同，只是我們在認知這種感受時難以區分原因，很容易因為這種錯覺而做出錯誤的決定。

舉例來說，以心跳加速的生理反應為例，一個人在獲得驚喜或產生恐懼的情況下，都會因為眼前事件出現相同的心跳加速反應，然而，對收到驚喜的人來說，可能是出於喜悅與感動；而產生恐懼的人則是因為害怕與不安，即使有相同的結果，起因卻不盡相同。

像是在先前提到的「吊橋效應」，人們會誤以為外在刺激帶來的心跳加速或心動感，其實是因為自己與對方相處而感受到如戀愛般的感覺，進而選擇忽略外在變因可能帶來的影響。

事實上，吊橋效應最早來自於一座吊橋實驗，當時在深不可測的峽谷上有著一座吊橋，有一位女性站在吊橋中央等待他人協助，其中受測者會走上吊橋

與對方互動，並取得一張寫有她電話號碼的紙條並選擇是否撥打，後來實驗結果發現，會有一半的受測者打電話給對方。

實驗主導者表示，在吊橋上產生的害怕與不安感，會因為認知受到混淆，而以為是與對方互動後而感到心動並轉換成為強烈的吸引力。

簡單來說，就像是一對戀人乘坐雲霄飛車，明明是因為搭乘遊樂設施帶來的緊張刺激感，而使得雙方心跳加速，但我們會誤以為是因為與對方的互動才造成的心動感覺。

透過這種錯覺的方式，讓心儀的對象時常處在情緒興奮狀態，反而也能夠為你留下好印象。

然而，這些錯覺想像，根本上屬於一種錯誤歸因。

錯誤歸因指的是，人們在觀察與理解某些行為結果時，通常會傾向主觀性地高估人或態度的因素，反而相對地忽略場域或情境帶來的影響。因此人們會將某些事情發生的結果合理化地映射解釋在自身與人的互動與相處上，而低估外在因素如場景、外部人士的影響，最終形成一種類似錯覺或錯誤解釋的情形發生。

如同吊橋效應所示，在愛情中最常見的錯誤歸因，就是「你以為自己愛上對方」。

戀愛，講求的是一瞬間的心動感覺，
也許透過錯誤歸因的方式，可以讓心儀的另一半得到愛情般的甜蜜滋味。

然而，這樣方式卻只能維持短暫的期間，更重要的是該如何持續地維持這份甜蜜感，妥善經營彼此感情關係。

如果
喜歡有盡頭，
那我從頭到尾
都是你。

人們通常只會記得，自己想記得的事。

該如何讓對方開始記住你，留下不錯的印象，甚至在他的腦海中占有一席之地呢？

事實上，人們在決定是否要與對方建立並發展一段新關係時，通常會從自己主觀對對方的第一印象開始判斷與分析，唯有通過自己心中的評價標準後，才會繼續透過後續的相處與互動，進一步加深彼此的關係。

那麼，人們是如何決定並產生第一印象的呢？
除了主觀認知、外表感受、過往經驗之外，還有一個重要的因素叫做「熟悉感」。而熟悉感，可能跟心理學中的**單純曝光效應**（Mere Exposure Effect）有關。

單純曝光效應指的是，當一個人在某段時間內持續地在眼前重複出現時，隨著曝光的頻率增加，會逐

漸累積對他的好感。簡單來說，當你很常出現在某個人的生活周遭，對方會因為熟悉感而在心中對你存有一定的好感程度。

舉個生活中簡單的例子，時下社交媒體平台上，廣告媒體商時常利用這個手法來為不同品牌打廣告，像是把洗腦廣告、影片或音樂在這些平台重複播放，不僅能夠刺激消費者留下深刻印象，甚至能進而提高產品喜愛度，讓商品賣得更好。

同理，若是把上述例子應用在人際交流或感情關係上，我們就像是準備要銷售的商品，期待能為對方所喜愛，因此只要透過單純曝光效應來建立熟悉感，就能在心儀的人面前，一定程度上提升對方對自己的好感度。

心理學家Robert Zajonc也曾針對出現頻率進行一個實驗，他讓受測者觀看一本與其不相關的畢業紀念冊，同時不同人在紀念冊中出現的次數也不同。根

據實驗結果，他發現當某個人越常出現在畢業紀念冊的照片中，受測者就會對他越有印象，進而產生好感。

雖然不斷出現在同一個人面前，的確能有效地建立一定程度的熟悉感，但單純曝光效應也伴隨著一個缺點，就是過度曝光時，反而會導致人們產生厭惡的心態。

用上述廣告例子來解釋，就如同這些洗腦影片不斷出現在手機上，長期下來會讓使用者感到厭煩。同理而言，當我們的出現變成了一種持續性干擾時，反而會加深對方心中厭惡與煩悶的感受。

因此，最好的相處時機，
其實就是只在合適的時間與空間出現，
同時你也不僅僅只是出現在那裡，而是對於這段關係的經營有所準備，這樣一來才是有效展現自我的機會。

我今天很可愛，妳可以來愛唷！

人們都喜歡真實，卻也害怕真實的虛假。

在喜歡的人面前，你是否都表現出一副自己很厲害、很完美的模樣呢？
因為期待對方能夠在看到自己最好的一面後，
變得更加欣賞、崇拜自己，
不僅能滿足自己的成就感，也能藉此吸引到對方的注意。

然而，過於完美的表現有時卻會帶來負面的感受，
讓人感覺這個人似乎不那麼真實。

事實上，偶爾的小出錯、小出糗，反而會讓你多了一點人味，在對方心裡更加分。

在社會心理學上，有著所謂的**出醜效應**（Pratfall Effect）。它指的是非常專業厲害的人，若是在不經意之間犯了一點小錯，出了一點小問題，不僅不

會因爲過錯而被責怪扣分，反而會讓人產生好感，認爲這是一種眞誠的表現，在內心出現「原來他也會犯錯啊」的想法。

因出醜效應而產生的這份好感，反而會延續你們之間的交流與對話，因爲對每個人來說，完美只是一種做事態度，但不完美卻是每個人最獨特的一面。

人們不可能沒有任何缺點，只要自己願意接納、擁抱自己的不足，敞開心胸對待每個人，反倒會更受他人敬佩與喜愛。

然而，要注意的是，伴隨出醜效應而來的結果是雙向的，人際關係會有隨之增加或減少的趨勢，端看當下發生的情境。

比方說，若是你時常出糗犯錯，他人反倒不會因爲不小心做錯事而給予同理，或是因此而喜歡你，因

為你已經在大家心中被定型，所有人都認為你的做事能力就是爾爾，犯錯是理所當然的，甚至在某些時刻還有可能產生負面印象，對你扣分。

真實的人，也要學會真得剛剛好。

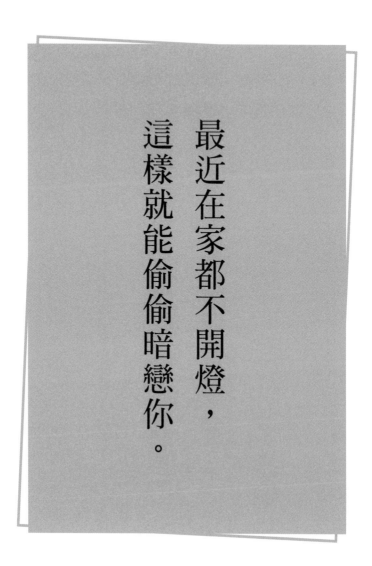

最近在家都不開燈，
這樣就能偷偷暗戀你。

有人說，談戀愛的過程就像是在談判，其實處處充滿小心機，往前的每一步都要小心。

你還記得，當初怎麼追到另一半的嗎？

第一次遇見心儀對象，也許只是在某個日常轉角，對方不過是個不經意擦肩而過的路人，
那天本來心情不好的你，卻被他臉上純眞的笑臉所吸引，忘記鬱悶的心情，開啓了美好的一天。

也許是某次活動時無意的邂逅，被對方有趣搞怪的笑話給逗樂；也許是在某天內心下雨的時候，被對方突如其來的關心與陪伴所感動。

事實上，喜歡上一個人總會被許多因素左右。

有時我們卻把喜歡看得過於天眞，因爲你很可能不

會發現,對方本來就是帶著想與你交友的目的或其他意圖才接近你。除了一些言詞與肢體互動上的小心機外,事實上,彼此互動時的場所,可能也扮演著很重要的角色。

在心理學上,有一個很特別的黑暗現象(Dark Effect),它指的是當雙方身處光線較昏暗的場所,如酒吧、電影院、夜晚的觀景平台、KTV等,因為彼此看不清楚對方的表情與行為,相對容易減少對人的戒備感,同時也因為更能夠表達自我感受,反而增添了一些安全感。

心理學家也提到,燈光過亮很容易提高人們的感知能力,使得攻擊性加強,對情緒化的言詞或行為更為敏感;反之在燈光較為昏暗的場所,會讓人們的

戒備下降而更加親近。

因此，在這種情況下，身處較為黑暗的地方，人們產生親密感的機會相較於在光亮的場所裡會大幅提高。這也是為什麼人們在約會時，會喜歡到山上看夜景、去電影院看電影的原因。

所以，若是有意或正在追另一半的你，不妨嘗試看看這樣的小心機。

人跟人應該保持距離，
像我們就應該零距離。

「最好的距離，就是我與你。」

喜歡一個人與否，其實很容易從彼此在相處時的行為、舉動、態度等觀察出來，例如，頻繁的親密肢體接觸、言詞是否更常提及我們、說話眼神是否專注等。

其中，有一個很特別的因素，就是彼此相處的距離。從一個人與你的距離遠近，就可以觀察出你們之間的關係祕密。你是否想過，如果喜歡對方，而對方也喜歡你的話，雙方每次相處時會保持多遠的距離呢？距離多遠比較合適呢？

美國人類學家Edward Hall在《The Hidden Dimension》一書中，曾提出四種類型的人際距離（Interpersonal Distance）。他認為人與人交往時通常會保持適當的距離，這個距離的遠近會受到文化背景、雙方關係影響。

♡親密距離區域（The Intimate Distance Zone）

這是最親密的距離，約為0-45公分，

一般來說，就是戀人間時常保持的距離。

在這麼短距離的接觸下，

能聽到對方的呼吸、心跳聲，

也會時常有些許的肢體碰觸與交流，

屬於一種極度信任對方的距離。

♡個人距離區域（The Personal Distance Zone）

指私人距離或個人距離，為46-120公分，

這是一種朋友間時常保持的距離，

兩人都對對方略有好感。

在這樣的距離接觸下，能清楚看到對方全身並透過

對話傳達訊息，

並且彼此間仍會有肢體接觸機會。

♡社交距離區域（The Social Distance Zone）

指社交距離或社會距離，為120-360公分，
是剛認識的朋友會保持的距離。

在這樣的距離下，
人們能清楚觀察對方表情，主要會透過視覺與聽覺方式來溝通，
鮮少透過肢體來直接互動。

♡公眾距離區域（The Public Distance Zone）

指公眾距離或公共距離，為360公分以上，
通常是陌生人會保持的距離，
比方說互不相識的鄰居們，或銀行辦事的人與窗口職員、演唱會的歌手與歌迷等。

人們鮮少會直接以肢體互動，通常只會短暫問候打招呼寒暄，然後就快速從彼此身旁走過。

事實上，人與人之間的距離除了會受到關係的影響外，還會受到時間與地域的限制，但是一般而言，越親密的兩人在靜態互動時相對較為靠近與緊密，甚至在散步等動態互動時，偶爾也會有些許的肢體接觸。

下次，就開始偷偷觀察你與心儀的人在互動時，靠得多近吧！

Chapter 03

愛情才要開始，
愛情的解答就是你

人們都害怕說愛，但卻又渴望被愛。
如果可以，請好好地對你喜歡的人大聲說愛，
他們一定會給你同樣的回應。

「我本想說些漂亮的話哄妳，
但想來想去最漂亮的是妳。」

我本想說些
漂亮的話哄妳，
但想來想去
最漂亮的是妳。

告白之後，我們可能不再是朋友。

也許，我們會進一步變成更加緊密的戀人關係；或是，因爲坦白，就這樣不小心分離。

事實上，很多人都害怕面對告白後，可能帶來的關係轉變。

因此，有些人選擇暗戀，將喜歡對方的心情隱藏起來；而有些人卻陷入掙扎，思考是否應該要將這份心意表達出口，但這往往會讓現在的相處顯得更加尷尬、不自在。

對他們來說，無論告白的結果是成功或失敗，最終都可能會導致當前的關係昇華或破滅，而這段關係改變的過程，同樣也會爲原本關係中的雙方，帶來

一段短暫的矛盾空窗期。

從內心感受的角度來分析，這是因為我們的心理尚未做好轉換的準備，而必須在短時間內直接面對身分轉變、情緒調適的問題，使得自己的情緒感受一時找不到方向，才會產生不願面對並逃避目前狀況的結果。

在告白後，進入的空窗期一般可以分成兩種，告白失敗的尷尬與告白成功的矛盾。

如果告白失敗，告白的一方會因為遭到拒絕而產生被否定感、自我懷疑等情緒，為了逃避這種感受，人們多半會選擇避而不見，減少因為見面而帶來尷尬感的機會，漸漸地，彼此減少了交集，缺少再次碰面的理由，漸行漸遠，最終導致關係破裂。

事實上，告白失敗者最常把自我想像投射到對方身上，認為對方一定覺得，自己是不好的對象，不然自己為什麼會被對方拒絕。但，喜歡一個人本來就有很多不同的理由，而且喜歡並不等價，你喜歡對方，不代表對方會因為同樣的理由或原因喜歡你，告白只是一種表達自己喜歡的方式，並不是一個決定放下的結束。

其實，在告白後決定會不會尷尬，以及是否要繼續維繫當前關係的，永遠是主動告白的一方，沒有人會厭惡喜歡自己的人，同時若是對方真的覺得壓力很大而疏遠你，也請你相信那個曾經勇敢的自己。

對你而言，只是失去一個不愛你的人，
而對方卻是失去一個真心愛他的人，

別因為一個不愛你的人，而忘記全世界愛你的人。

如果告白成功，人們卻也會因為從親密朋友昇華至情人角色的關係轉變，而陷入一段短暫矛盾的空窗期。因為此時雙方都還沒為昇華後的角色做好準備，仍在思考自己該做出什麼樣的行為才能符合情人身份，怎麼樣的互動模式才會符合社會角色的期待。也因此，這時的你們無法像過去還是朋友時一樣自然地互動。

只要隨著兩人相處時間一久，並且持續保持著彼此溝通協調的習慣，這份不安全的矛盾感很快就會被浪漫愛情的甜蜜感所取代，接著進入下一階段的熱戀期。

人們都害怕說愛，但卻又渴望被愛。

如果有機會，就好好地對你喜歡的人大聲說愛。

因為真正的愛，本來就不是為了從對方身上得到多少回報，而是只求不愧於自己的心。

愛情這道謎題，我的答案是你。

喜歡一個人，應該要說出口嗎？

在與喜歡的人曖昧相處一段時間後，若是想進一步加深與對方的關係時，人們就會嘗試把喜歡與愛寄託在言語、禮物、肢體行為等，各種表達形式來讓對方知道。這時，如果雙方都對彼此有好感，在相互確認過內心想法後，就會取得共識進入一段新的戀人關係。

告白，其實也是一種告別，但這也只是感情中的一段過程。

人們之所以會將告白視為一種告別曖昧關係的手段，是因為當對一個人的喜歡到達某個程度時，若是對方可能不如自己預期般地喜歡自己，就希望能透過讓對方決定關係存留的方式，讓自己開始進入一段新關係或放下這段關係。

無論是開始新關係或結束舊關係，都會迫使我們告別當前的曖昧關係。

然而，將告白視為告別，其實是一種自我逃避的過程，並時常伴隨情緒勒索。

有時，大家會希望透過告白來向對方索取自己認為應得的喜歡與愛，甚至是一段關係，並脅迫對方，若是他不願意做出決定，自己就會離開這段關係，透過這種方式勒索對方的感情。

即便在一起，也只不過是因為害怕失去陪伴，並不是害怕失去你。

人們很常將告白視為一種選擇的結果，但其實告白只是一種表達自我想法的方式，永遠都不是一個終結。

或許你們之間的關係會因為告白而有所**轉變**，但對方並不會因為你喜歡他，對你的想法或看法就突然產生大幅度的轉變。人們都享受著與喜歡自己的人相處，因為能更加確定眼前的這個人對自己有好感，同時也能感受到自己是被需要的。

在這個過程中，也許會因為對方回不回答而有所迷失，或覺得再次見到對方會感到尷尬、不安、徬徨，但要記得，把喜歡說出口並不是一件羞恥的事情，反而證明了你有喜歡與愛人的能力，這正是因為你害怕錯過，而選擇鼓起勇氣告訴對方他的好。

我喜歡你，是因為你的好，
與你相處的我也很好。

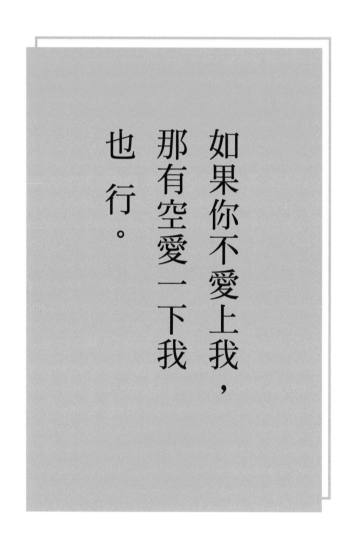

如果你不愛上我，
那有空愛一下我
也行。

我有句話想和你說，我想喜歡你一輩子。

在經過曖昧期的相處後，兩個人若是都能接受當前關係的互動方式，而且也願意有更進一步的交流，就會來到相互確認心意的共識階段。告白，對於雙方能否更進一步加深關係扮演著很重要的階段性角色，你必須很清楚且穩重地告訴對方自己的想法與心意，同時展現出期待與對方共同步入一段新關係的感受。

很多人都有喜歡人的能力，卻鮮少能將這份喜歡好好表達出來讓對方知道。該如何好好告白，也成為開啓一段新關係前的重大關卡。

從接受告白的角度分析，在告白時應該表達的是自己有哪些優點？能從這段關係中獲得什麼成長？為什麼喜歡對方？是因為個性、外表、興趣，或以上皆是？總結來說，告白就是一種表達喜歡的過程，除了好好介紹自己之外，也要讓對方感覺到被你喜歡是一件很棒的事。

正是因為要讓對方感受到被重視，因此在告白時機、地點等選擇上，告白方更應該好好準備。舉例來說，地點可以選擇兩個人能獨處且較為安靜的場所；穿著上不應該打扮得太過隨便，可以選擇簡單、大方的搭配，看起來舒服的風格即可；而告白的內容，試著回顧你們初次見面的場景、與對方經歷過的所有美好回憶，因為有了這些互動，彼此才更加熟悉，距離也逐漸靠近、變得曖昧。

給予對方一個舒服、真切的告白，
真摯表達出自己的喜歡之情，讓對方感受到自己是

被重視且被需要的。

而有些不恰當的告白方式，反而會在當下造成對方更大的情緒壓力。

像是要求對方一定要馬上做出選擇，要就要、不要就不要。明明是跟A告白卻講成B的名字，或是搞錯重點，重新回顧一些雖然是共同經歷但卻留下負面印象的事件，只會讓對方對你留下不好的評價。

人們普遍喜歡與喜歡自己的人交流，因此，只要能好好表達出自己的心意，甚至不用什麼帥氣美麗的外表、穿著，或是多麼華麗的言詞包裝，對方都一定會好好思考並接受的。

喜歡一個人，有時可能沒有什麼理由，但正因為是那個人，所以才喜歡。

Sorry, I am out.

我並不是路痴，只是被你迷得搞不清方向。

告白從來不是一件簡單的事。

對於告白方來說，它的確是一個賭注，賭對方能不能、願不願意接受自己的喜歡。

害怕被對方拒絕或否定的心情，使得人們在面對當前關係時，無法表現得泰然自若。反而更容易因為自己的猜測與臆想，開始不願意面對，甚至是逃避這段關係。

因為越喜歡，所以越害怕。

害怕的不只是拒絕，更怕的是看清關係的真相。

「我以為我們只是朋友。」

「抱歉，但是我不夠好。」

因此，即便關係已經走到曖昧的盡頭，喜歡對方到了一個極致，已經無法容下更多喜歡的情緒時，卻因為內心的不安害怕，所以不敢說出那句話。

害怕一說出口，這段關係就會產生變化。

事實上，關係無時無刻都在變化，只是你沒有察覺。它僅僅只是一個讓你更加確定自己心意的過程，並且跟對方表達愛慕之情的方式。

困難的是在面對告白之後，該如何適應並面對情感上的自我揭露。

因為人們始終害怕被對方拒絕的感受，自己鼓起勇氣大聲說出口的喜歡，彷彿遭受對方嘲笑般的刺痛在自己心上，同時我們也畏懼失去一切、擔心無法收回沉沒成本。

但其實，我們沒有意識到，喜歡對方，就只是你的事情。願不願意付出自己的喜歡，從頭到尾都沒有人逼你。

終究，只是自己想太多。

告白或許是一種獲取新關係的途徑，但它永遠只是一種過程而非結束。

若是將那句喜歡說出口，可能會改變現在的互動模式；然而，若是因為膽怯，就放棄說出喜歡你的那句話，也太過可惜。

世界上最遠的距離，
是我在你面前，你卻不知道我喜歡你。

妳問我為什麼會變胖？
太多事放心裡好難瘦。

「關係，都是麻煩出來的。」

人與人之間的互動，可能來自於某一方的行爲。
因爲某一方的主動接觸，才使得彼此間產生交集而
開始了一段新的關係。

在與對方的互動過程中，可以透過觀察行爲模式，
來理解對方是什麼樣的個性，並根據性格、特質等
因素，選擇是否與對方發展出親密的感情關係。

然而，這些都必須建立在「有好感」的先決條件
下。那麼，人們有機會跟討厭的人當朋友嗎？

在心理學上，有一個特別的「**富蘭克林效應***
（Ben Franklin effect）」，指的是若你原本很討厭
一個人，不喜歡與他的相處，卻因爲某次對方讓你
做出了與自己期待不同的友善行爲，而迅速轉變對
他的看法。

---

*註釋：比起你幫助過的人，曾經幫助過你的人更有可能再度幫
助你。這是一種認知失調，人們認爲自己之所以幫助某
個對象，是因爲喜歡對方，即使事實不一定如此。

舉例來說，你原先討厭某個人，但當那個人用了一些方法讓你對他做了一些正面的事，例如，稱讚、鼓勵、幫助等舉動，你很有可能因為這份矛盾的友好感受衝突，而導致自己改變對他的看法，甚至是轉變彼此之間的關係。事實上，這其實也是一種認知失調的現象。

因為我們本來就對討厭的人，抱持著否定對方的負面感受，但我們卻做出不符合自己內心想法的正面舉動時，就會與原先心中的負面感受產生衝突與矛盾狀態。

而為了消除這種矛盾感，我們的內心會嘗試說服自己，去平衡這種想法與行為的矛盾，才導致對對方改觀的情況。

在生活中也有許多例子，像是很多愛情連續劇，原本男主角和女主角在某些互動下產生了矛盾與誤

會，一碰面，雙方就像見到仇人一般，因為一些小事而非常討厭對方。

但隨著共同克服多次難關後，彼此也會慢慢地發現，對方與自己想像中有著不同的一面，也因為更瞭解彼此的真實想法，最終走在一起。

回過頭來，一段關係的建立，其實就是不要害怕麻煩別人。

嘗試與對方產生交集，

就能夠發展出一段不錯的關係。

人們因為誤解而分離，卻因為理解而相遇。

我照顧自己太久了，以後麻煩你囉！

我喜歡你，換句話說，就是喜歡你。

喜歡一個人的行為，其實早已處處藏在生活中。

你認為，用什麼樣的方式向喜歡的人表達自己的喜歡是最好的呢？

事實上，喜歡一個人，除了明確地透過言語等形式向對方表達感情外，還可以透過行為互動、肢體接觸、情緒交流等方式，來暗示對方。通常透過這些方式，可以悄悄地觀察對方的反應，看他是否也同樣地在意你，願意接受你的每個回應。

此外，藉由生活中的互動來製造交集，不僅能夠加深彼此的關係，有時還能得到更真誠的回饋。像是透過平時的讚美，如穿搭很好看、很擅長活動規劃、說話很有條理等，表達自己的崇拜欣賞之情，看似一句很普通的問候，卻很容易在對方心裡掀起波瀾。

「原來我在他心裡是這種樣子。」

「我本來很害怕自己做得不好，但聽起來似乎還不錯。」

人們普遍喜歡受人稱讚，透過若有似無的稱讚式告白，除了能讓對方更有信心外，兩人之間的關係也會因為這些行為與言詞，逐漸地讓相處更自在。

這時，如果再經過長期的相處，彼此共同經歷更多事件，留下更多回憶，確認雙方在各種事物上的想法、價值觀也十分相似後，這段親密關係就有很大的機率朝向戀人關係發展。

喜歡一個人，本來就應該讓對方知道，只是該如何讓對方能慢慢接受這份喜歡，並將它轉換成一種對關係昇華的期待，就需要雙方不斷地在關係中磨合才會知道。總而言之，告訴心儀的對象，自己很喜歡與對方的互動，其實換個角度思考，也是給自己與對方一個基本的尊重。

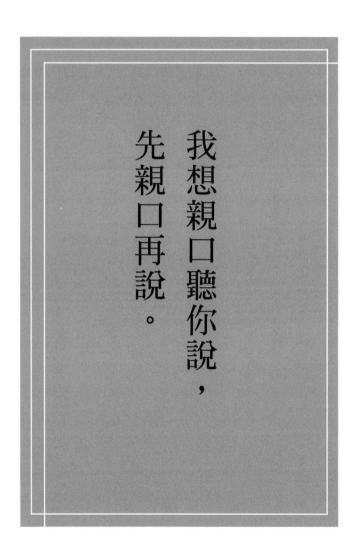

我想親口聽你說，
先親口再說。

把「喜歡你」說出口，並不可恥，而是很有勇氣。

人們在面對感情關係時，都會揭露出自己最真實且脆弱的一面。在感情面前，我們都捧著最赤裸的一顆心，總是期待對方能夠給予自己一點回應，來滿足自己對當前關係的期待，但同時我們也很害怕會被他人拒絕，討厭對方總是默不吭聲，擺出一副愛理不理的態度。

人的情緒很容易受到與重要他人的感情關係影響，因為我們在乎，所以才願意用自己的情緒去感受對方的所有行為，導致自己心情容易受到對方的行為影響。

其中，準備從曖昧階段跨越到告白階段的人，會因為害怕不安以及不敢直接詢問對方心情，讓彼此的互動更像是蓋上一層面紗，使得情緒更容易受到對方行為而左右。

那麼，在告白階段的前後，心境上的變化又該如何調適？事實上，無論何時，我們對當前的關係都應該保持淡然。

這對所有人來說，都很難做到。總會害怕自己不夠優秀，所以不敢向對方告白；總是擔心一旦告白就會被對方拒絕，連朋友也當不成。

然而，擔心、害怕與不安，在很多時候，其實都只是想像。

唯一能做的，就是確認對方心意，不僅是透過聊天的過程瞭解他對感情關係的看法，同時，也能從彼

此的相處模式或互動來知道對方對自己的想法。

同樣地，在這個過程中，也應該隨時調整好自己的心態。

1. 設定感情停損點

如果對方在許多行為中，表明你們無法往更進一步的親密關係邁進，此時你就應該設立好停損點，慢慢地收回過多的喜歡，因為這些情緒，可能就是對方的壓力來源之一，請不要把自己私人的慾望，加諸在對未來關係的期盼上。

2. 外界給予信心

平時，你一定會與自己的朋友和家人聊天，當你們聊到目前的感情狀況時，不妨請他們提供一些建議，檢視自己與喜歡的人在當前關係的互動中，有哪些行為象徵彼此是親密的，哪些行為可能會影響

到關係建立等。從第三方的角度來分析，不僅能給自己多一點信心，鼓勵你在這段關係中獲得更多正面感受外，還能幫助自己看到一些被忽略的小細節。

調整好自我心態，換個角度想，也是避免自己受到傷害。人們在面對感情狀況時都是脆弱且不安的，每個人都如此。

因此，在面對高度不確定的感情關係時，我們都應該做好準備，才能有能力承受這段感情帶來的好壞感受。

Chapter 04

只想好好在一起，
愛的語言怎麼說

在一段關係中，協調與磨合，
被視為感情最重要的潤滑因素之一，互相表達自己內心最真實的意見。
不要讓自己成為有苦難言的人，也不要讓對方成為無話可說的人。

「愛情我們可以慢慢來，或者浪漫的來。」

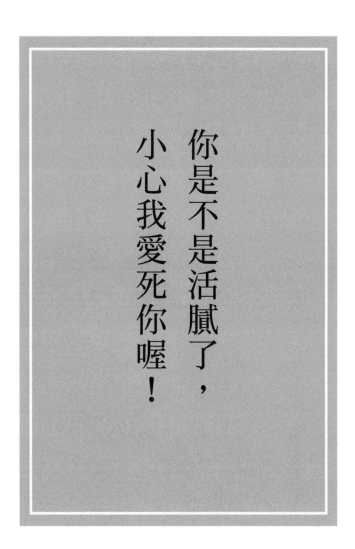

你是不是活膩了，小心我愛死你喔！

愛是一體兩面。

人們總是渴望與嚮往美好浪漫的愛情，但卻也同時害怕得到之後，這份關係會與自己想像不同而感到害怕與不安。

美國心理學家Robert Sternberg曾提出著名的「**愛情三角論**」（Triangular Theory of Love），他認為愛是由三個重要元素組成，分別是**親密**（Intimacy）、**激情**（Passion）與**承諾**（Commitment）。

其中，親密指的是雙方的依戀關係。簡單來說，就是在與對方相處時，會感受到親近、熟悉、習慣，

樂於與對方分享各種情緒感受，雙方生理與心理的距離都相對靠近；激情則指的是人們最原始的慾望與對性的渴望，像是人們都會受到第一印象、外表的影響，而被陌生人吸引，甚至會期待與對方發生肢體接觸、有更進一步的肢體行為等；最後則是承諾，它指的是雙方願意為當前關係做出約定，比方說在戀愛關係中許諾彼此一個未來，不離不棄，期待未來會有對方的生活。

在一段完美的愛情裡，這三項元素缺一不可，而隨著不同元素增減與排列組合，則會形塑出其它八種不同類型的愛情模式。

第一種：無元素

沒有參雜這三種元素的關係，則屬於非愛戀關係或友情，可能只是工作上的夥伴或陌生人。

第二種：親密

這種關係通常會發生在彼此有一定感情信任基礎後，因為想認識對方或對其生活充滿好奇，在相處時候會喜歡分享自己與傾聽對方，而逐步建立、加深彼此的關係。

第三種：激情

這種關係只有激情，可能存在於剛開始的一見鍾情、初戀、青春期的愛戀，或某些只有激情而缺乏親密與承諾的性關係。

第四種：承諾

這種關係通常是受到第三方約束或外在壓力而產生。例如，政治或商業聯姻、古時的相親。處在這種關係中的大多數人並不快樂，只是因為受到責任約束而與對方締結關係。

第五種：親密與激情

速食愛情或一夜情通常屬於這種關係類型，因爲少了承諾元素。即便彼此都對對方有著親密與激情等好感，卻缺乏繼續經營感情的理由。

第六種：親密與承諾

通常屬於長期發展的關係如友情或親情等。雖然有著親密與承諾，卻對彼此少了一點衝動。

第七種：激情與承諾

閃戀、閃婚通常屬於這種類型，例如，一見鍾情等行爲，但彼此在一段時間相處的摩擦後，也很可能因爲後悔而分離。

第八種：親密與激情與承諾

這種愛情屬於最令人嚮往的關係，彼此不僅親密，同時也有激情的好感，更願意許諾對方一個未來。

在上述的八種關係中，你比較崇尚哪一種愛情模式
呢？如果你正身處一段親密關係，也可以分析看看
你覺得一段愛情中最重要的是哪個元素？

可以跟你借個吻嗎？
我保證一定會還你。

每個人在感情中，都是任性的。

不僅要另一半對自己好，又要對方滿足自己的所有
期待。

在一段關係中，我們時常會通過溝通、管控，甚至
是掌握對方的方式，將對方形塑成我們想像中美好
的對象。事實上，這卻是一種無理取鬧、任性、龜
毛的表現。

任性的行為可以從三個層面去解讀，包含「**錯誤
共識效應**」（False Consensus Bias）、「**自戀**」
（Narcissism）以及某個程度上的「**心理防衛機
制**」（Defense Mechanism）。「錯誤共識效應」，
指的是人們常會根據自身主觀式的想法，高估或誇
大自己的想法，並且直接將自己的價值觀合理化地
套用在他人身上。

例如，看到一件很適合另一半的衣服，於是買下來
想當成驚喜送給伴侶，卻沒想到對方其實不喜歡這

件衣服的剪裁或配色，使得原本發自內心、出於好意的禮物，卻被對方抱怨與責怪，為什麼當初不先詢問對方的意見。

從上述例子可以發現，我們很常會不小心將自己的想法加諸在他人身上，你認為這件衣服很適合對方，但對方卻不這麼想；又或者是你認為從事A工作有比較好的未來，對方卻認為A工作不符合自己的興趣，未來也不想朝該領域發展。

有時，自以為的為對方好，或是能夠滿足對方需要的事，不過是用好意當作藉口的自欺欺人，因為這不過是為自己而想，不是幫對方著想。

再來談到自戀，簡單來說，就是迷戀自己的行為。會以自己為優先，當自己的選擇與對方的選擇衝突時，最後一定會認為自己的決定是最好的。自以為的替人著想，也許只是想表現自己有多厲害。

最後，談到「心理防衛機制」，通常指的是一種內在的防衛方式，扮演心靈層面的自我保護，能夠讓自己不受情緒、壓力等外在因素影響。舉例來說，最常見的就是自我逃避。因為害怕面對或理解自身沒有能力解決，因此只能選擇逃離當下的問題或環境，藉以得到減輕與舒緩壓力的感受，並等待一定時間後想辦法嘗試解決。

在某些情況下，這種機制會對個體帶來正面的循環作用；然而，若是太容易產生防衛心，就很容易聽不進別人的意見，而變得過於驕傲自大。

適時任性能為關係帶來加成的作用，讓對方感覺被需要。但若是過度的要求對方，就很容易對關係造成無可抹滅的傷害，畢竟你是在談戀愛，不是在談生意。

因此，下次在與重要他人互動時，多為對方著想一點吧！

每次見你都很感動，
讓我感到 心 動 。

你有想過，自己為什麼要談戀愛嗎？

在愛情中，我們都期待能獲得被需要的感受以及自我成長。

能從這段關係中獲得什麼，其實也會影響感情中的雙方是否願意持續經營親密關係。其中，我們最希望從感情關係中獲得的四種感受有：信任感、安全感、陪伴感、價值感。

1. 信任感

人在建構一段關係前，都會審視關係中的參與者是否值得自己信任與付出。人們偏好那些能為自己帶來信心與支持的人。心理學中存在著「**比馬龍效應**」（Pygmalion Effect），當你對某個人的期待越高，那個人的表現就可能越好。因此，當你越信任這個人並給予同等的支持，對方也一定會回以相同的回饋。

2. 安全感

人們普遍害怕不確定性，因此在本質上討厭改變，人們偏好能為自己帶來安心感與穩定的人。一段穩定的關係，往往是親密關係中雙方追求的最終目標。透過給予對方適當的安全感，讓他習慣有你的生活。

3. 陪伴感

我們都討厭寂寞。在現今社會中鮮少有人能夠不與他人互動，只透過自己的情感支持著生活。人們會期待從家人、情人、朋友，甚至是陌生人身上獲得情感支持，因為人們總是期待生命中會有個人願意陪在自己身邊，無論在開心、悲傷、憤怒時，都能為自己帶來關懷與溫暖。

陪伴是很棒的正面力量，它能夠帶來溫暖，也能化解許多不安。

4. 價值感

談戀愛最主要的目的，是確認自我價值與自己是否能夠被他人所需要。事實上，我們的負面情緒很多時候都源自於生活中的自我懷疑。若是能夠被他人需要，反而能讓自己更加明白自我定位與價值。

對你來說，你想在一段關係中尋找什麼呢？

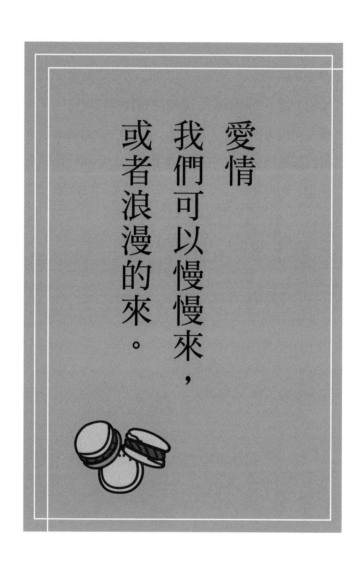

愛情
我們可以慢慢來，
或者浪漫的來。

「就連人都會隨著時間改變了，感情也是。」

一段感情的經營，應該由彼此在關係中共同努力維繫，而若是想要維持一段長期關係，讓這段關係充滿浪漫會是很棒的方式。

在多年戀愛關係的發展之下，維持浪漫會對大腦產生積極作用，同時會為雙方帶來正向的回饋，讓彼此能夠更加沉浸在戀愛的感受中。

事實上，有很多在親密關係中的伴侶，隨著相處時間越長，彼此的相處模式與對關係的態度，從原本親密的熱戀期，漸漸轉變成疏離的倦怠期。

關係之所以會進入倦怠期，可能是對彼此的依賴與習慣加深，而感到乏味、缺少新鮮感等。因此，若是想要把握眼前關係，就更應該在相處時，創造各

種生活情趣。像是嘗試新事物、保持對生活的熱情等，同時也可以邀約對方參加各種活動或約會，不僅能增添生活情趣，更能塑造出戀愛的感覺。

在關係中，為了經營當下的關係更應該保持對生活的熱情，當人們對生活充滿喜愛時，表達出的正面情緒也能夠感染另一半的生活。

關係除了會隨著時間催化而變得脆弱外，很多時候，更是來自於關係中彼此間的不諒解。容易因為將自身對另一半的期許，施加在對方身上而變相地綑綁了這段關係。而該如何維繫對一段親密關係的想像，也許，偶爾盲目會是不錯的選擇。

當彼此關係加深時，會因為距離過於親近，而開始顛覆自我對愛情或另一半的想像。

因此，適度地不去探索某些真相，或許是一種能保持愛情盲目的方式，有助於理想化另一半的特質與形象，並維持長久的戀愛關係。此外，在愛情中，給予另一半獨立的空間是很重要的，尊重、包容、善待對方的隱私，讓他們能發展自己喜歡的事物，這也會贏得他們對你的尊重與信任。

最後，則是將這段關係視為一個彼此成長的過程。在一段成熟的關係中，彼此都願意為這段感情付出，同時期待能與對方一起在感情中成長，承諾對方一個更美好的未來。

我喜歡你，因為你是你，我最喜歡的你。

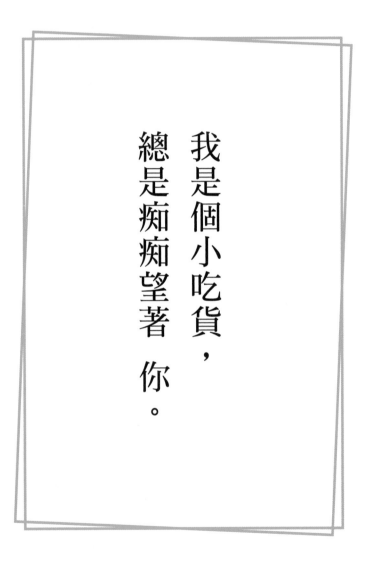

我是個小吃貨，
總是痴痴望著 你。

我可以喜歡你，當然也能討厭你。

熱戀中的情侶，時時刻刻都想要待在一起。

然而，越是近距離的關係，越容易使得關係中的某一方仗著對方的喜歡，在這段感情中為所欲為，不斷磨損彼此的感情。

請記得，即便關係再怎麼好，也是隨著時間一點一滴建立起來的。感情，很容易因為一些小事或誤會而突然分崩離析。

無論自己身處在什麼樣的關係中，都是彼此取得共識、同意後才逐漸形成的連結，因此，我們應該重視每一段關係的發展，並珍惜彼此。

在熱戀中，應該注意幾件事：

1. 尊重對方的隱私

不應該仗著彼此的關係親密，而做出逾矩或不尊重

對方的事。簡單來說，在熱戀期的人很容易因為急於認識對方，想知道對方的所有事，包含這個人的過去或較為私密的事情，此時容易不斷地透過言語或行為製造對方的壓力，這樣一來，反而會使對方感到厭惡。

當你過度逼迫一個人時，不僅會讓對方對這段關係感到壓力，同時也是在消耗兩人之間的信任。

對方當初願意與你發展一段新關係，是因為與你相處起來是舒服愉悅的，如果這段關係事實上不如對方的想像時，會出現一種自己被欺騙的矛盾感受，反倒加深彼此的心結。

2. 適時的關注

人們很容易在得到後失去新鮮感，逐漸對原本充滿挑戰性的人、事、物提不起興趣。有時，即便是在熱戀中的情侶，也會不小心忽略對方，讓對方在願意發展新關係後，卻感覺得到後不被珍惜、不被在

乎的錯愕。

為了能夠讓關係走得長遠，不應該只想著希望對方主動關心自己，而應該花費心力投入這段感情中，唯有雙方共同維繫當前的親密關係，彼此才能走得更長久。

3. 距離的拿捏

感情中最常遇到的問題就是該如何拿捏對彼此的占有慾，熱戀期的情侶很容易因為長時間的相處而缺乏個人空間，然而這樣很快就會使得彼此對這段關係感到厭煩、厭倦。

保持一段適當的距離，雙方相處起來才會更加舒服，任何一方都不應該過度占據對方的時間與空間，反倒是因為有點距離感，彼此才會更珍惜每次相處的時間。

熱戀中的你，很幸福，但也要記得，好好把握維繫這得來不易的關係。

最近有點冷，
來熱戀一下。

如果有一天，我們不再熱戀了，然後呢？

在熱戀期的雙方，最擔心的問題永遠是這段親密關係還能夠維持多久？

會不會哪天突然沒了話題、少了一點對彼此的激情或衝動，不再在乎或執著當前的關係，甚至是萌生不想愛了的念頭。事實上，每一段感情關係都會從熱戀期開始，彼此的親密度會在這個階段迅速增加，雙方會在這個時期迅速累積對感情的忠誠，接著會進入一段重新評價關係的「後熱戀時期」，或稱「過渡期」。

在「後熱戀時期」，雙方會重新評價當前關係，確認眼前的另一半是否與當初在決定進入一段關係前所設定的理想或目標相似；同時也確認自己是否有在這段感情中成長，或感受到正在變好的正面情緒及回饋，最後才會進入感情「穩定期」。

然而，有許多人在後熱戀時期就選擇為感情停損而分手，這可能包含許多原因，基本上可以分成三種模式「自我衝突」、「自我與對方衝突」以及「雙方衝突」等。

最常見的自我衝突就是：「我害怕自己不是你想像中的樣子。」

因為沒有自信，害怕自己無論是內在與外在特質，都無法成為對方當初期待的另一半，甚至是沒有能力達到或滿足對方需求，因而產生想放棄這段關係的念頭。

接著，當自我與對方產生衝突就是：「我想要從這段關係得到全部的你。」

一段感情中，最難去界定與劃分的就是經營關係的義務與責任，人們普遍都只想要從關係中獲得另一

半的關愛，卻鮮少願意付出同等的關懷，這會使得
關係中產生不對等的情形，並加劇關係裂痕擴大。

1. 沒有自信

人們害怕在過了熱戀期之後，對方會開始放大自己
的一些缺點，無法接納自己最真實的個性、想法或
價值觀等。面對沒有自信的另一半，也許你更應該
透過自己的情感來支持與鼓勵對方，讓對方知道自
己是因為他而願意發展一段親密關係，不會因為不
完美的缺點而放棄這段感情。同時用一些行動來證
明，自己在這段關係中會因為對方的存在而變得更
好、有所成長、規劃一個具體而美好的未來想像。

2. 放縱自己

因為過度信任這段關係而選擇沉溺於當前的親密，
導致停止自我成長時，同樣地會讓對方感受到被欺

騙、隱瞞等負面情緒，同時也會讓對方懷疑自己當初的決定是否正確。因此，我們都應該要尊重並正視每一段關係，這不僅是給予對方一個清楚明確的答覆，也象徵自己認同這段關係。

3. 只想獲得

在感情關係中一定存在著接受方與付出方，但這並不代表其中一方能夠一味地透過情緒勒索的方式索取感情支持。身處在親密關係中的兩人，都應該對關係盡相同的義務、付出一樣的責任。

對於只想收穫情感的人，應該讓對方理解，唯有自身也付出同等的情感支持時，才會讓這段關係更加長久穩定。

關係經營原本就是一件不容易的事情，但是當彼此產生衝突與矛盾時，千萬不要害怕去面對，而是應

該學會共同透過理性溝通、協調的方式來解決所有問題。

不要害怕哪天無話可說，
那也是你們相處必經的一條路。

我不抱怨，只想抱你。

我不想跟你說話，是因為你讓我無話可說。

溝通，是建立在雙方都願意談話的前提之下，若是有一方自顧自地停止意見交流，就會使得溝通無法成立。

在生活中，一定遇過一種人，他們在交談或溝通協調時總是一味地堅持己見，即便你發現對方的說詞或邏輯上存有漏洞或前後不一，他們仍固執地不願意承認並修正錯誤。

此時，一般人都會選擇漠視對方的聲音，並為此現象找理由開脫。對他們而言，這是一種用來自我安慰的逃避方式，讓他們堅信自己永遠是對的。

如果遇到這種人，可以選擇離開，不與他們辯論，或是順著對方的話走，讓他們慢慢地自行發覺自身言詞或邏輯的謬誤。

但多數時候，他們會突然情緒化地停止溝通。

事實上，認錯這件事通常也與自尊心有關。自尊心高的人會有比較強的競爭意識，希望在眼下的關係或情境中占據優勢地位。

而不喜歡認錯的人，普遍自尊心也都比較強，他們難以接納第三方或對立面的想法、意見與價值觀，也會導致他們在與人互動時，時常造成相處上的不愉快。

所以，在否定別人前，我們應該先學著尊重並傾聽對方的想法。

你可以不接受對方的意見，但這並不代表可以不尊重對方表達的立場。若是做不到，相信也不會有人願意聽你說話。

在一段關係中，協調與磨合，被視為感情最重要的潤滑因素之一，雙方應該在相同的高度上，互相表

達自己內心最真實的意見，這樣才能促成一段有效
的溝通。

不要讓自己成為有苦難言的人，
也不要讓對方成為無話可說的人。

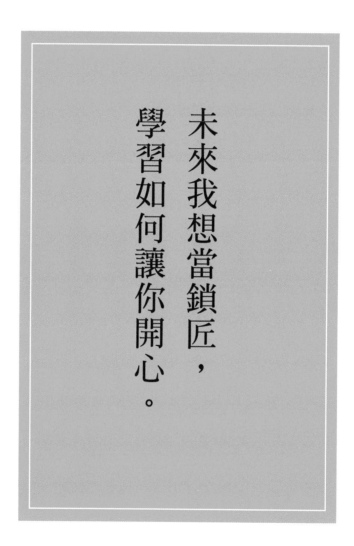

未來我想當鎖匠，學習如何讓你開心。

人與人之間想要維繫良好的關係發展，重點在於持續的溝通協調。

針對溝通，加拿大心理學家Eric Berne提出**溝通分析**（Transactional Analysis）**理論**——PAC模型。

事實上，每個人在成長的過程中，會受到父母的教導，再加上外在社會對自身的期待來形塑出自己的個性與價值觀。其中，Berne認為，在關係溝通上，可以將個體內在分成三種角色型態，包含**父母**（Parent）、**成人**（Adult）以及**兒童**（Children）。

這三種溝通型態的角色，代表的是一個人內在的心理狀態，在面對不同人、事、物或結果時，會因應情境所需而顯現出不同的溝通型態。我們在與另一

半相處時，也可以應用這樣的溝通型態模式，促進彼此對關係問題的討論，減輕衝突、有效磨合。

1. 父母型溝通型態（Parent）

在行為、思緒、態度、價值觀上，通常會以較為權威或優越的方式表現，其中更可以根據互動方式的自由或壓迫程度，分成「關懷型」與「控制型」兩種。「關懷型」會以同理的方式關心你的日常生活，例如，在你心情不好時會詢問你怎麼了、需不需要幫助；「控制型」則會以自我的角度命令你應該做什麼、不應該做什麼，像是洗頭髮沒吹乾，對方會質問你為什麼不吹乾頭髮，這樣可能會感冒。

2. 成人型溝通型態（Adult）

在行為、思緒、態度、價值觀上，通常會以較為理

性評估的方式表現，會選擇先將外在的客觀事實或資訊組織理解並內化後，再與對方討論與分析，屬於一種理性、開放討論，且在某些時刻呈現相對有效率的溝通狀態。例如，針對某些想法或建議，對方會以「根據……我認為……」的言詞回覆。

3. 兒童型溝通型態（Children）

在行為、思緒、態度、價值觀上，通常會以較為直覺明確的方式表現，其中也可以依據是否考慮到對方感受的程度。例如說出：「我想要」或「我不管」，分為「自由型」與「叛逆型」兩種。「自由型」通常會展現出自然、愉快的一面；「叛逆型」則會展現出任性、不負責的一面。

結合上述三種溝通型態，人們在與其他人溝通時，

便可以針對不同情形來與對方互動。在感情中，最常出現的則是「關懷父母型態」與「叛逆兒童型態」。

展現關懷父母型態的一方，雖然會展現出較為權威的一面，表達自己對另一半的關懷與感受，但相對於控制父母型態，更能夠同理另一半，顧及對方的感受。

叛逆兒童型態，則是將另一半對當前關係的付出視為理所當然，因此更加容易不負責任、逃避維繫關係的義務，只想著要享受權利。

下次在與另一半溝通相處時，不妨嘗試分辨看看對方屬於哪一個角色型態。

透過這個理論，不僅能讓彼此更容易察覺分辨自己
與對方的心理狀態，還能透過投其所好的引導，給
予對方想要的回饋，創造有效的溝通協調，促進彼
此的關係。

「我是個花心的人，你的每個樣子我都喜歡。」

人心總是會變，
明天會變得更愛你
。

我不是害怕承諾，只是不習慣說出自己可能做不到的事。

在經營一段感情關係時，承諾占有很重要的地位，它代表感情中的雙方都願意信任這段關係或另一半，並對彼此的未來投注一定程度的期待，同時也能為這段關係提供安全感。

然而，在愛情中，卻有些人害怕做出承諾，這種表現被稱為「**承諾恐懼症**」（Commitment Phobia）。

邁阿密大學的Berit Brogaard教授，曾針對擁有承諾恐懼症的這群人，提出十種現象用以辨識：

（1）他們過往戀情短暫，並可能沒有給出承諾。

（2）他們討厭承諾太遠之後的事情。

（3）他們不想讓你知道，是否參加你的派對，即

便他們有可能會去。

（4）他們在說話時常使用很多模糊的詞彙，像是「可能」、「也許」等。

（5）性生活豐富，可能擁有混亂的性生活。

（6）與他們的關係通常是沒有定義的，比方說明明在一起很久卻沒有名分、或是只享受愛情中的曖昧階段而不想給出承諾來界定關係。

（7）他們不太會說愛，或者是表達情感。

（8）他們不喜歡稱呼另一半男、女朋友。

（9）他們沒有一群很要好、緊密的朋友。

（10）他們的行為難以捉摸。

不僅是在感情關係上，甚至是生活中的重要決定，這些人都害怕給予承諾或認同。

這樣的感受可能源自於對關係的信任感不足，或是曾遭遇過背叛創傷等。

對他們而言，不願承諾是保護自己最好的方式。一來是不用對當前狀況負責，二來是自己不用受到承諾約束，能讓自己的心情更好過。

拒絕承諾雖然在某個程度上保護了自己，但卻同時也傷害到感情關係中深愛你的人。也許，你不用隨口誇下多麼偉大的約定，但能從小地方或小事情慢慢嘗試答應對方，建構彼此的信任關係。

至少，應該讓對方感受到，你對當前這段關係的重視，以及你也願意負起責任。

Effective Communication.

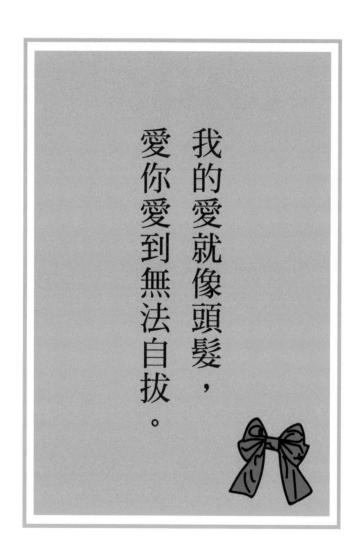

我的愛就像頭髮，
愛你愛到無法自拔。

「有空的話來聊天，要不談情說愛也好。」

人們時常分不清楚溝通與傳達的差異。

事實上，溝通屬於雙向的訊息互動交流，包含透過語言、文字、肢體行爲等，傳遞某些資訊給對方，藉以達到或滿足特定目標；而傳達則是單向的訊息交付方式，通常存在上對下、主管對員工、老師對學生等權力階級的情況。雖然同樣都是爲了傳遞資訊，來讓對方理解並做出某些行爲或表現並達成利益目標，但溝通是雙方存在共識，而傳達則是主觀片面的傳遞交付給接收方。

在愛情中，溝通協調扮演著維繫關係很重要的角色，想讓不同的個體在一定程度的共識下願意接納兩人的不同，無條件地承受好與不好的結果，若是彼此沒有藉由溝通協調來調整彼此的相處與互動，很容易會產生衝突與隔閡。

而能快速有效溝通的方式，就是學會同理他人的感

受，理解他人的心情則可以根據內在、外在分成不同的方式，包含情感上的支持、肢體語言的表示，以及引導對方理解自身需求。

1. 情感支持

人們在同理對方的行為、觀點、想法、價值觀時，會在一定程度上給予情感支持，使得被同理的對象感受到信任、理解、關心等正面感受，產生有人懂自己的心情。

有時候，戀人們在溝通磨合時，其實並不是想要從另一半身上得到什麼確切的解答或回覆，只是希望能有一個人願意傾聽自己的想法與感受，協助自己排解情緒與壓力。在被他人認同的情況下，自己也能從中找到歸屬感。

2. 肢體語言

同理一個人的本質，在於願意真誠地去傾聽對方的

心情與感受。

除了從言語上展現自己想要關心對方的想法外，也可以搭配某些肢體語言來促進彼此的親密交流。例如，最常見的保持目光接觸、身體微微傾向對方、拍拍對方的肩膀與手臂、擁抱對方等。

3. 引導需求

基本上，情侶間最有效的溝通就是將事情坦白地攤開來討論，這不僅是對於親密關係的信任，同時也是理解雙方對同一件事的看法與觀點，找出共識並修正或接納某些價值觀的差異性。

其中，引導對方說出自己最根本的需求，也是促成一段有效溝通最必要的環節。簡單來說，溝通無非就是理解對方想要什麼，與自己是否能夠滿足或解決對方的需求。

我很不擅長隱藏自己，
因為喜歡你總會穿幫。

「一見到你我就有點心虛，害怕被看出喜歡你。」

每個人都有做錯事的經驗，卻會因為害怕被責怪或懲罰而逃避不說。

透過選擇性地不說，就以為能夠成功隱瞞而不被對方察覺或拆穿謊言。

然而，在這種被動等待對方發現的情境中，容易因為緊張不安的情緒作祟，使得在與對方的相處互動上，呈現出僵硬且矛盾的外在表現。甚至是在面對他人質問時，會流露出緊張的情緒，表現出一副作賊心虛的樣子。

做出違背良知的事時，人們內心會產生一股罪惡

感，同時感到緊張、害怕、焦慮，擔心自己的行為被察覺。而做錯事卻不願承認面對的人，尤其在與親密他人相處時，更容易產生這種情況。

事實上，無論是與親密的另一半或陌生人相處，人們有時會為了達成某些目的或利益而選擇說謊、欺騙、隱瞞。雖然能夠短暫地騙過他們，但親密的另一半，熟悉且瞭解你的個性，很容易能夠察覺你是否正在欺騙他們，而這樣的相處模式很容易導致信任感磨損，傷害彼此的關係。

不坦誠的交往關係，會讓彼此的感情像是經過精美設計，沒有真實的戀愛感受。

每個人都有做錯，久而久之，活在謊言中的兩人，不僅騙了彼此，也騙到了自己。

回過頭來看，爲什麼人們容易在自我矛盾時感到心
虛呢？

1. 價值觀衝突導致矛盾偏差

當人們想做的事和自己的行爲發生衝突時，很容易
產生自我矛盾。

例如，當人們在做壞事時，通常會在自己內心進行
一場善惡道德感的拔河。
即便最後某一方勝出，過程中產生的矛盾感受仍會
影響人們，導致產生自我懷疑而感到焦慮，長期下
來，就很容易出現認知失調的情境。

爲了平衡心中不安的矛盾感與焦慮，你的內心會爲
了改善當前的緊張狀態而改變自身行爲或思緒，說

服自己在行為與理念上並沒有互相違和，總有一天，你會習慣說謊。

2. 透明度錯覺（Illusion of Transparency）

其實，人們時常高估自我心理狀態被察覺和理解的程度。

因為我們能敏銳地察覺情緒，所以當意識到自己很快樂時，會認為自己將這種情緒明顯地表現出來，而身邊的人都知道自己很快樂。簡單來說，個體認為內心的想法，會無形間透過某些方式表露出來，導致其他人都知道自己的想法。

因此，當你心虛的時候，就會覺得自己被對方看穿。但實際上，只有你才知道自己內心的想法，很少人能夠真正地猜出來。

無論如何，在與另一半相處時，請不要試圖在這段
關係中偽裝自己。

一段真正良好的關係，是彼此都能在關係中找到最
真實的自己。

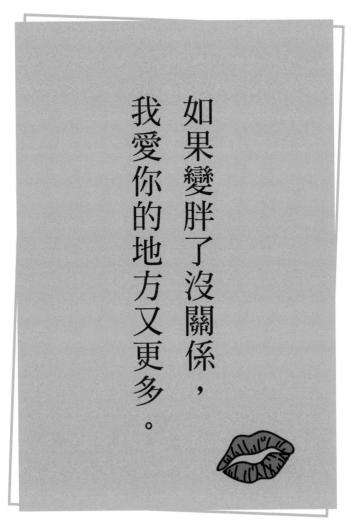

如果變胖了沒關係，我愛你的地方又更多。

「抱歉，但你愛上的只是想像中的我，我沒有那麼好。」

當我們剛認識一個人時，若是對對方抱有好感，都會期待能有更進一步的交流。
因此，人們會希望透過展現出自己最好的一面，得到對方的欣賞與愛慕之情。

然而，在正式進入一段關係後，
很容易因為想像與現實間的落差，
發覺對方的相處模式、想法、價值觀、習慣、內在感受等，與自己理想中的不太一樣，而產生矛盾衝突感。

若是彼此選擇忽略隱忍，隨著相處時間一久，就很容易產生劇烈衝突。

因此，除了透過溝通協調來進行磨合外，傾聽、接

納對方的不完美，也是成就一段關係的重要因素。一段完美合適的關係，應該是兩個人都能在這段感情中展露眞實的自我，無須過度隱藏自我感受，及配合對方或委屈自己。

對方愛上的是你，僅此而已。

因此，在一段穩定成熟的感情關係中，雙方都應該要學會兩件事：

1. 找回自己的生活

在建立一段關係的同時，彼此之間的生活勢必會開始產生交集。當雙方的感受、興趣、想法越相似，這個交集範圍就會成正比擴大。

隨著彼此間生活圈越來越相似與重合時，人們也會因爲這些交集而產生摩擦。例如，明明都喜歡同一件事物，各自會有不同的解讀方式，而這些想法對

方並不一定認同，因此就會開始產生衝突與矛盾。

但所謂想法的不同，其實只是一個人表現出自己獨特想法與觀點的方式而已。套用到對生活的態度上，找回自己的生活重心、規劃未來、設立目標，以及真誠地面對自己內心的所有感受，做一個自己喜歡、別人也欣賞的自己。

感情不是一個人加入另一個人的生活，而是我的生活裡剛剛好有了你。

除了互相依賴，彼此更應該有各自獨立的空間與距離。一段感情中，我們應該像朋友、更像情人。

2. 誠實面對並表露內心感受

建立關係無非是一種自我揭露的過程，在這段關係中你想獲得什麼、想要成為什麼、想要對方給予什麼、對關係的期待與盼望、對另一半的想法與感

受，這些想像都應該可以與另一半深入討論，並且達成共識。

因為每個人都是第一次與對方談戀愛，並不會知道你最真實的想法及對伴侶有什麼期盼，透過深入地溝通與協調，反而能讓彼此間對關係有所共識而凝聚這段關係，而不是有所猜疑，每天都在上演小劇場，想像對方想要什麼，做這個、做那個對方會不會覺得不好或討厭自己。

關係永遠需要彼此的共識，唯有雙方願意共同協調、相互傾聽，才能長久。

「別跟我說對不起，因為我們沒關係。」

Chapter 05

好聚也要好散，
當分手來臨時

好聚，是能好好相愛；好散，是不愛了也別去恨。
因為，對方是曾經不顧一切陪著你走完一段路的人。

我知道我們沒有未來，所以我特別珍惜現在。

「愛情裡最好的模樣，不是勉強磨合，而是彼此剛好適合。」

你還記得上一段感情，是什麼原因分手的嗎？

「你總是這麼幼稚、無理取鬧！」
對方在這段關係裡表現得太過幼稚，一直不學習如何成長進步、變得更加成熟。
「你都不懂我想要什麼！」
另一半總是不能理解你在想什麼，彼此似乎毫無默契可言。
「你爲什麼都沒時間陪我！」
一回家就只想躺在沙發上與手機作伴，少了一點關心與陪伴。

從以上三個理由中，可以發現無論分手理由是什麼，其實都有一個共通點。
就是，我們總是有無限的期待，在這段親密關係中

161

的對方能夠活成自己想要的樣子。

的確，雙方之所以會談戀愛，是因為有些需求希望能被當前的感情關係所滿足。然而，會不會有些時候，我們卻忽略了某些盼望太難以達成，開始無理取鬧，使得它逐漸轉變成為慾望，最終這段關係將被需求怪獸吞噬。

其實，人們會對關係擁有憧憬與期盼，是因為期待擁有這段關係後，與對方互動、陪伴與相愛的過程，不僅能滿足自己被需要的感受，更能使現在的自己變得更好。

而一段成熟的關係，不僅存在著期盼，也應該透過溝通，能潤滑關係；因為包容，才成就關係。學會溝通與包容不一樣的聲音，才能使得彼此相處更加圓滑。

事實上，人們本就具有差異性，各自存在不同特色，才會相互吸引、欣賞。一旦過了甜蜜期，這份差異性便會開始在這段關係中製造衝突。

因為對方不是自己，彼此一定會對不同事情產生不一樣的見解、看法與價值觀。

此時，如果缺少溝通與包容，就會導致矛盾進而產生誤會，誤會則造就衝突。當衝突一多，時間一久，人們就會開始為自己的感情關係找藉口。

「對方都不愛我。」
很多時候，不是因為不愛了才分離。
而是因為這段關係無法被滿足，才被迫逃離。

只要我跑得夠快，
寂寞就追不上我。

只要你還願意向前走，悲傷就不是盡頭。

只是很多時候，人們會花一點時間停留，無論是尋找過去的自我，還是原地療傷，但這都不應該是你最後駐足的方向。

過去就讓它過去，曾經畢竟是曾經。放下並沒有想像中那麼容易，對自己來說，過去回憶中好的、壞的、開心的、悲傷的片刻，都包含了一個人當下最重要且難以割捨的回憶與感動。

其實我們放不下的不是別人，而是捨不得丟下那段美好回憶中的自我。

很多人以為，放下就是一個丟棄的過程，把不需要

的、多餘的情感，甚至是回憶給丟棄。事實上，這只是自我傷害、否定的過程，同時也促使人們學會偽裝、隱藏自己的真實感受。

將全部都丟棄，是否也包含自己呢？

放下不應該是拋棄，而是接納。

通常人們要花上很長的一段時間，經歷一段情緒糾結、放不下的過程。在這段空白的時間裡，人們會逐漸意識到事實，處理它、接納它，最後開始療傷。

Elisabeth Kubler-Ross曾提出著名的「**悲傷五階段**」（Five Stages of Grief）模型，原本是說明人們在經歷重大失落感的過程。

這五個階段看似有順序以及連貫性，但對每個人來說，並不一定都會照著同樣的順序經歷。更多的是，人們在這些情緒中，來回拉扯與被拉扯。

1. 否認階段（Denial）

處在這個階段的人，很容易去否定一些事實。

不願意相信這一切正在發生，藉此逃避一些事情。

2. 憤怒階段（Anger）

從否定事實轉而憤怒或抱怨一切，

不相信這世界有幸福，開始不斷地怨天尤人。

3. 討價還價階段（Bargaining）

跟既定的事實討價還價，想著當初如果還能怎樣，

現在也許就不會這樣了。

4. 沮喪階段（Depression）

陷入了藍色的憂鬱、悲傷情緒裡，

伴隨而來的是哭泣與心痛，參雜著無力感。

5. 接受階段（Acceptance）

人們會逐漸意識到某些事實已無法改變，
失去的事物無論如何強求也不再回來。

根據悲傷五階段，我們可以將放下的過程延伸，大
致能分成四個階段：

1. 遭遇事實

因爲某些外在、內在的因素或原因，
導致當前的情況出現了某些事實的改變。

2. 抗拒事實

不僅是因爲人們害怕、畏懼未知，以及不願意改變
的心情作祟。更是因爲這個事實，會帶來失去的痛
苦感受。
因此，人們會開始選擇逃避，產生一道心理防衛機
制來隔絕情緒。

3. 接納事實

人們在抗拒事實的階段會陷入情緒困境，而唯有處理好情緒、逐漸接納現況，才能擁抱事實已經無法改變的結論。

4. 告別事實

下一次再想起它，內心不會再像當初波瀾四起，你能夠更加坦然地面對過去。在面對與告別事物的時候，學習不要把所有錯都怪罪到對方身上，沒有人能成為你放棄成長的理由。

失去並不是終點，它讓我們學會珍惜。
我們理所當然會難過悲傷，因此先好好處理、擁抱這些情緒吧！

快樂的是我們，悲傷的也是我們。
正是因為生命如此簡單又複雜，才能體驗到它所帶來的喜悅。

最近想買點
調味料，
因為我們的感情
變淡了。

明明在一起需要兩個人同意，但為何分開只要一個
人決定？

人們在談戀愛時，很少會與另一半討論到分手的議
題。但其實，這個環節與溝通、磨合、成長、未來
規劃都是息息相關的。

對你來說，一段戀愛關係的結束，究竟是因為當初
在一起的理由消失，還是因為分手的理由出現，兩
個人才會漸行漸遠呢？

事實上，一段感情關係的結束，很多時候不是因為
誰大吵大鬧，而是在這段關係中，雙方的戀愛感覺
逐漸淡去，最終才意識到自己早已不愛。

「喜新厭舊」的情形發生在多數人們的生活中。

人們會對一直頻繁出現的事物或刺激逐漸感到麻木，即便是第一次經驗有多麼的強烈，但若是後續仍然再被施以同樣程度的刺激，人們會因為每次感覺都大同小異，使得自身逐漸對它習慣而減少反應，甚至是無感，而這在心理學上被稱為「**習慣化**」（Habituation）。

習慣化或慣性同樣會出現在一段穩定關係中，無論當初在追求對方時，每天都會準備驚喜，讓對方感受到戀愛的幸福滋味，時常處在浪漫的甜蜜泡泡中，但隨著彼此長期相處下來，因為對另一半與關係的依賴感，對平常相處生活的熟悉感，對現實情

況的習慣感，使得當初對戀愛的憧憬感受反而會被
時間慢慢磨合變得平淡。

陪伴終究會變成習慣。
但我們究竟是習慣有個人陪伴自己，
還是習慣陪伴自己的那個人呢？

因為失去對愛情的想像，於是兩個人很容易從關係
中出逃。轉而將自身對情人的期待，投射到其它的
親密關係上，比如朋友關係、家人關係，甚至人們
也很有可能去創造新關係來重新獲得被愛的感受。

但這一切，並不是不愛對方，只是因為相處得太
久，太過於熟悉而缺乏一點新鮮感。

「你都不愛我！」

「你都不知道我想要什麼！」

人們為了緩解自己從關係中出逃的罪惡感，就會透過責怪或貶低另一方來減輕自己內心的矛盾感，使自己在面對這些衝突時會覺得比較好受。

久而久之，兩人就會因為摩擦而分離。

如果可以，請記得不要責怪關係中愛你的人。

兩個人的生活之所以會變得平淡，是因為彼此很能適應這個人出現在自己的生活中，因為這個人是他，而不只是因為自己習慣有個人陪伴。

能陪你走得很久很遠的人，

永遠不是那些會用花招讓你停下來的人，

而是默默地牽著你走在一條平穩道路上的那個人。

最近天氣有點熱，想跟你冷戰一下。

如果有一天我不再找你，那你會主動找我嗎？

在與情人相處的過程中，其實每一天都在經歷大大小小的關係衝突，衝突可以包含想法、價值觀上的相異，或是對事情看法、做法的差別等，長期下來就是在感情中相互磨合。

所有關係衝突的互動模式，都可以區分成「熱處理」與「冷處理」。最經典的熱處理衝突就是——「吵架」。

吵架伴隨而來的雖然是雙方持續且大量給予對方意見與感受，但有時卻會不小心傷害到對方。

因為過程中時常伴隨部分或大量情緒交雜，舉例像肢體碰撞、拉扯、言語交談、斥責、情緒交流等都屬於此類。

身在熱處理模式中的兩人，若是參雜過多個人情緒時，衝突很容易瞬間就擴大，變成大規模的吵架、互罵、肢體衝突等。因此，解決熱處理模式最好的方法是先處理情緒、再處理事情，先給予彼此一點個人空間與時間來休息和思考為何會不愉快，這會是對關係加分的處理方式。

再來談到，對一段感情關係最具殺傷力的就是「冷處理」，或稱「冷漠」。

因為冷處理是對關係濫用的一種特權，仗勢著另一半的愛，對人頤指氣使、情緒勒索。

同時，因為關係中的某方突然停止溝通而選擇逃避問題，這雖然會使得衝突暫時無法延續，但也變向的讓雙方問題暫時被擱置。

藉由敷衍、消極、冷漠等被動態度面對另一半，即使不透過情緒發洩或肢體語言，也會對他人造成極大傷害的效果。尤其是，當你在關係中的地位又比較偏向被愛的那一方時，這樣的處理模式將會有增幅的傷害效果。

你可能，只是想逼迫對方認錯，但這卻無法真正的解決問題。這樣的處理方式，很容易造成負面效應的擴散，並加速惡化彼此關係，最終造成難以挽回的結果。

愛情中的冷戰往往更加有殺傷力，一方面是因為用愛勒索，另一方面是當彼此選擇不溝通而冷處理時，很容易造成猜忌心理作祟，進一步導致彼此失去安全感、信任，最終失去這段關係。

冷處理的目的，其實在於透過短暫的情緒分離，讓彼此的情緒能夠冷靜下來。

輕微的冷處理可以讓對方不用透過言語詢問的方式，意識到你對某些事物的想法與對方有所差異，而你表現出一種不舒服、不開心的感受，希望對方能夠察覺並修正。

藉由這段冷處理的過程，雙方都應該找出關係惡化的原因，避免彼此被情緒沖昏了頭，反而促使關係分裂。

如果想要採取冷處理模式作為溝通首選，可以先訂立一些規則。
例如，無論彼此對對方表現得多麼冷漠，都一定要在約定好的時間內，再次面對面重新討論當前的感情問題。

在一段關係中，務必抱持著尊重另一半的心，避免
自己淪落為敷衍對方的人，否則會使得這段關係失
去意義。

我的心思不正，
只偏愛你。

「你的放不開，是因為愛，還是賭氣？」
喜歡是一個人的事，但「戀愛」是雙方談的事。

在一段感情中，我們不會只獲得戀愛美好、喜悅等
正面感受。事實上，更多時候我們都在學習如何化
解或包容相處時的磨合與衝突。因此，當你遇見一
個不適合自己的人，卻又捨不得放棄得來不易的關
係，戀愛也會變成一件辛苦的事。

面對愛情，大家都存在著一種偏見、一種先入為主
的想法，認為關係中的雙方都有義務去承受或包容
對方的一切，無論這些衝突是否必要或應該被接
受。

因此，人們總是會以愛之名，去擁抱那些明明不應該出現的、對方口中的任性之詞。

若是自己做得不夠好，或者出現想要逃避的心態時，還可能受到自己的罪惡感與對方的情感所勒索，誤以為是自己做得不夠，而感到對當前關係有所虧欠。

這樣一來一往，終究會迷失愛情的本質。

我們應該要能從感情關係中獲得喜悅、支持、陪伴、自我成長等感受。

而在獲得的同時，關係中的彼此也願意不求回報的付出，讓這段關係變得更加親密，慢慢地成長茁壯，才會形成正向循環。

若是任由關係中的對方一味地索取情感付出，不斷地榨取我們的情緒，把自己的好視爲理所當然，強迫式地要求自我，這種有毒的親密關係將會使得雙方受到傷害。

人在一段感情中之所以不快樂，很多時候都是來自於對愛情的偏執。

對於得不到的，總是越渴望得到，不僅想滿足自己的成就感，更想填滿內心深層的慾望。

這樣的偏執，很可能會因為一點生活小事，而逐漸擴張成為對整個人或關係的執著。

一段強求來的愛情，讓不適合的兩人，因爲賭氣也要拚命地在一起，在磨合階段跌跌撞撞，在穩定階

段大吵大鬧，明知道彼此沒有未來，卻仍不願放過
對方。

因為比起面對失去，你更容易說服自己，雖然眼前
這個人不夠好或不那麼適合自己，但相信經過一段
時間的相處，對方一定會慢慢地成長變好，自己也
能逐漸適應這段關係。

其實你很清楚，這不是談戀愛，只是在綁架雙方的
未來。就像做生意一般，只是為了一段關係的共同
利益，去經營一個看似完美的未來。

學會適時、適當、適切地放手：「適合你的愛情，
終究會到來。」

屬於你的幸福，不需強求也會自己找上你。

所謂的愛情，是彼此剛好適合。

只希望在真愛找上你的那一天，

你已經做好幸福的準備。

我想一個人去旅行，
第一站就到你的心裡。

如果說，世上每件事都依循著某些眞理或公式進行，那談戀愛的固定公式，也許就像一個人的旅行一樣簡單。

人的一生總是在無數次的探索迴圈中嘗試，
從認識一個人、喜歡一個人、適應一個人，
到討厭一個人、失去一個人、放下一個人。

最初，因爲自身的好奇心，觀察到自己與對方的某些交集，有些相似之處、也有些互補之處，熟悉感與新鮮感使我們開始想認識一個人。

在慢慢探索與認識這個人的過程，我們會從不同角度去理解對方的好，
而漸漸地從好奇變成著迷，並喜歡上這個人。

然而，在任何一段親密關係裡，
我們都會在對方身上投以期待，

希望那個人能活成自己想要的樣子，
期盼對方能喜歡自己、理解自己、包容自己。

有時我們卻不明白自己，究竟是愛上最真實的對方，又或者只是愛上自己心中期盼的那個人呢？

現實愛情中，對方勢必與自己理想中的情人不同，也會有自己的情緒、想法、脾氣、心理感受。

感情中的任何一方沒有辦法、也沒有能力要求對方，要成為自己心目中那個十全十美的另一半。

無論是哪一種關係經營，我們都應該學會如何理解對方。

談戀愛，本身就是一個尋找自我的過程，
你會在滿足對方期盼與探索自我中取得平衡，
最終才能在這段感情關係中成長茁壯。

不過，溝通與磨合終究是兩個人的事。

當關係中的一方無法接受時，就會走上厭倦這條路，最終分手。

談戀愛就像旅行一般，

每個人都是彼此生命中的過客而已，

有些人能陪你走完全程，有些人半途就下車。

最終能決定方向與目的地的人，是你。

It has been a long time since I last saw you.

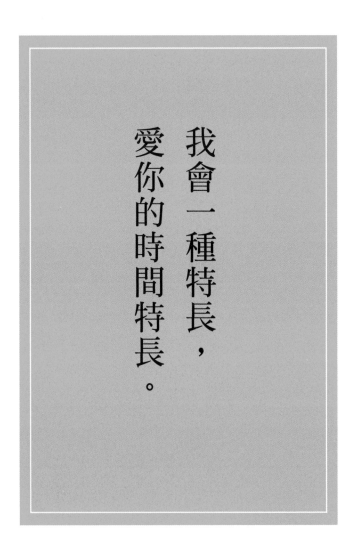

我會一種特長，
愛你的時間特長。

那天你們說好，好聚好散。

一路上，兩人再也沒有回頭。

直到多年之後的某天，再次遇見。

她早已不是當初那個愛鬧脾氣的幼稚鬼，

而你也不是曾經那個無理取鬧的小壞蛋。

經過這些年，你們各自有了成長，也逐漸擁有了不同的生活圈。

當你再次見到前任的時候，

你想和對方說的第一句話會是什麼？

「好久不見？」

事實上，即便在腦中排練了無數次，想像了無數個場景與對談，但多數人可能連一句話都不會說，最

多只是點頭示意或直接側身走過。

因為你們都明白，雖然還存有一點淡淡的想念，

卻不想遇見、不想打擾，

只希望對方過得好就好。

當初分手的時候，總有無限個理由說再見，

但當你們再次遇見時，卻沒有理由再見。

當我們脫離了上一段感情關係，

就象徵自己重回獨立生活的懷抱，

無論如何，都要重新習慣並學會，如何一個人好好

地過生活。

在這段時間裡，你會慢慢地自我療傷與接納，從最

初的否定自我價值開始，到理解不完美的自己。

這段過程中，你會找回自己的感受、情緒與生活。
隨著時間流逝，會逐漸淡忘過去關係帶來的酸甜苦辣，進而重新嘗試與獲得新的生活重心與方向。

接著，你可能會再次進入一段新的關係。
與前任的距離，已經成為兩條平行線。
不只是因為沒有理由，也是因為少了生活、少了交集、少了關心。

我們能留給對方最後的溫柔，也許就是不打擾他的新生活。

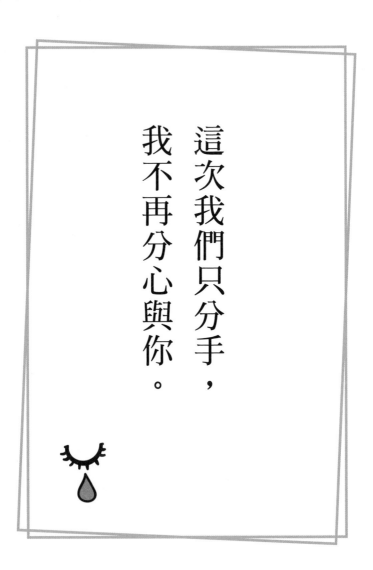

這次我們只分手，
我不再分心與你。

如果說，愛情走到最後一定會有盡頭，那應該就是
「分手」。

人們面對一段關係的結束時，時常會表現出不知所
措的慌張，不知道該如何處理。

因此，在分手時，雙方往往都是草草地結束。

這不僅無法為這段關係畫下一個完美的句點，有時
甚至會讓這段關係留下曖昧不明的伏筆，讓對方仍
對彼此間抱持著盼望與期待，彷彿總有一天，等你
想通之後，仍然會回來找他。

當關係出現模稜兩可的情形時，就很容易對雙方造
成問題。例如，無法迎接下一段感情關係。而這樣
的情境，發生在很多人分手時，沒有講清楚。

那麼，該如何面對分手，才能讓彼此好好過？
分手，是一種感情關係事件，會依據不同的人、
事、時、地、物的影響，產生不同的結果。

1. 和平分手

雙方在熱戀期後，透過深入溝通與思考後，發覺彼此間在相處上不太適合，可能是個性、未來規劃、興趣嗜好、自我成長等，價值觀上沒有共識，而雙方同時都具備成熟的觀點，因此能理性看待關係的結束，未來雖然不是情人，但也還能成為朋友。

2. 曖昧分手

彼此對於當前關係的結束都不想負責，在沒有人願意扮黑臉的情況下，往往會使得比較喜歡另一半的人，感覺這次的分手只是說說而已，不僅不願放下這段關係，甚至仍對關係復合存有一絲期待，而導致無法接受其他人或下一段關係。

3. 突然分手

沒有理由，也沒有原因、徵兆的分手，往往會讓人措手不及，因此時常會讓被分手的人感到無助。

4. 第三方分手

因為某些第三方的原因分手，比如說現實因素、父母、家庭、朋友，甚至是第三者介入等，都有可能會導致這種分手情形。

5. 消失分手

關係中的某一方雖然想要結束目前的關係，但深怕會傷害對方而選擇逃避，直接從這段關係中消失，屬於一種沒有理由的分手情形。

6. 狠心分手

分手本就只是兩個人之間的共識，但有些時某些人會透過刻意傷害對方，來減輕自己對關係結束的罪惡感。例如，在公眾場合大聲提出分手，或是在分手時刻意責怪、貶低對方。

7. 衝動分手

雙方其實都不曾想過要分手，但因為一時衝動而說出的氣話，通常需要透過安撫對方的情緒，讓對方收回分手的打算。一般這種分手的情形，大多是因為溝通失敗造成，使得某方仗勢著感情關係，來脅迫或要求對方滿足自身的需求。

無論是哪一種分手，都希望你們記得，既然曾好好在一起過，這次就請好聚好散吧！

縱使曾寫下過多少段分手的台詞、在心中排演過多少次分手的場景，在腦中上演過無數次分手的畫面，在當下的你，一樣會徬徨、一樣會不安。

但只要你，已經真正思考過，就勇敢地去做吧！
分手，不僅象徵著一段關係的結束，也將是重拾一段新關係的開始。

別跟我說對不起，因為我們沒關係。

「一段好的關係，本該是好聚或好散。」

好聚，是能好好相愛；好散，是不愛了也別去恨。
因為，對方是曾經不顧一切，陪著你勇敢走完一段
路的人。

猶記得那天，你們相遇。
彼此身上散發著相似特質、愛好又極為相似。
因為意外開啟了一個話題，
開始無數個無話不談、無所不聊的夜晚。
你們很快地進入熱戀。

當時的你認為，在這世界上真的會有那麼一個人能
懂你，願意用自己的一切來包容你的不完美。你很
珍惜、也很慶幸能與對方相遇，擁有這一段緣分。

然而，縱使愛情中的雙方擁有再怎麼相似的喜好與頻率，每個人畢竟是獨特的個體，一定會存在與對方的不同之處。

雖然人們可以透過對一個人的愛，來包容這份差異，但若是一味地忍受，這份愛就會變質成溺愛，很容易會在這段感情裡，找不到自我，最終溺死在這不舒服、無法好好呼吸的相處中。

或許，人們不需要理由而在一起相愛，但總是習慣找理由而分離走散。

在多次紛爭下，逐漸意識到一段關係並不是只有愛就能堅持走完；即便克服了所有現實環境的挑戰，但人心卻是更難以捉摸的關卡。

仗著彼此的熟悉感與習慣，認為對方應該懂我、包

容我，人們最真實的本質或自我，很容易在不經意間就傷害到對方。

我們總是對陌生人最好、對習慣的人任性、對愛的人最差勁。

於是，後來你們有了逃避這段關係的念頭，卻又都不想認輸，似乎提出告別的那一方，會成為毀滅這段關係的罪人。你們也都明白，在這段關係面前，你們都有罪。

「該走了。」這個聲音不只一次在腦海中盤旋。

你終於意識到，自己已經無法再從這段關係中獲得什麼，反而還一直承受傷害。

鼓起勇氣說出口，雖然真的有點痛、真的痛、真

痛。你感覺到在失去一個人的同時，自己當初對關係寄託的那些情感或祈願，突然失去了一個安穩的處所，使得情緒一下子湧上心頭。

與此同時，你卻感受到心裡出現了一絲絲平穩，少了一些壓力。因為在放開對方的同時，也放開了這段關係對自己的束縛。

剛開始會陷入一段低潮，然後嘗試忘記悲傷、停止哭泣。
但這並不是告別一段關係最好的方式，它不會讓你更快樂。

唯有學會接受並療傷，好好告別並處理那些曾經幸福的關係，才會讓你成長。

告別後，請記得好好整理自己，這是給自己的一個尊重，因為未來還有一個人在等你。

Chapter 06

如果有一天，
我們要練習一個人

在每一段關係開始前，請先「習慣孤獨」。即使只有一個人，
也不因為寂寞而害怕。只需要重新調整步伐，等待下一次的相遇。

「以前是喜歡一個人，現在是喜歡一個人。」

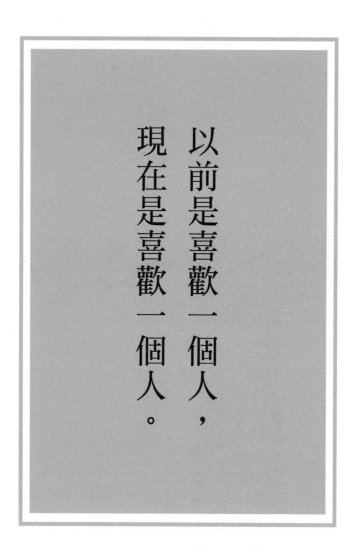

以前是喜歡一個人，
現在是喜歡一個人。

每個人都是孤獨的個體，從出生到死亡早已注定。

然而，人們卻是害怕孤獨的個體。

因此，我們會期待獲得一段親密關係，兩個孤獨的人相互陪伴，撫慰自己寂寞的靈魂。

同樣地，這也會發生在家人或朋友等關係上。

不過，這種安撫的效果其實有限，

因為我們無法找到能完全理解、同理自己的人。

每個人對於不同情緒或心理感受的解讀，

都會根據成長背景、生活經驗的積累與感受，而產生不同的判斷。

有時即便有人陪伴自己，內心卻仍會感受到些許孤獨感，總覺得自己在這段關係格格不入。

因為你們，本就不是同一個世界的人，只有自己才知道真正想要的是什麼。

無論一個人是否正在處在一段關係中，

都應該嘗試習慣這種「一個人的孤獨感」。

它能夠幫助我們在情緒穩定時，理性思考如何經營
當前的親密關係，
定義關係中的自我需求、彼此互動，同時藉以深入
認識自我的內心想法、價值觀與感受等。

有時在經營一段關係時，會選擇忽略或隱藏內心的
直覺想法，任何事都以對方的感受為重心，以為這
是一種不錯的磨合或溝通方式。

但透過這種自以為善待對方的想法，不僅是因為你
對這段關係沒有信心，
同時也擔心當對方察覺真實的你之後，就會改變對
你或關係的整體觀感。

只是若把對方的快樂建立在自己的痛苦上，
壓抑自我情緒或忽視自我感受，
長久下來，只會逐漸地摧毀當初你對這段關係的信

任與期待，

這並不是一種良好的關係經營方式。

因此，在每一段關係開始前，我們都應該要先「習慣孤獨」。

在陪伴自我的過程中，能藉由觀察來理解自我喜好、興趣、習慣。

你喜歡什麼？想要什麼？討厭什麼？習慣什麼？

進而發覺自己是怎麼樣的一個人。

你會喜歡自己，也會討厭自己，但要學會「愛自己」。無論你是誰，你就是你，獨一無二的你，理解並包容自己的優點與缺點，才能在一段關係中做最真實的自己。

即便最後分手了，放下了，

但一個人也不要因為寂寞而害怕。

只需要重新調整步伐，等待下一次的相遇。

我想要變好，

變得 好 喜 歡 你 。

離開上一段關係後，你會變得如何？

你會選擇原地停留？依舊等待。

還是，信步向前，走往下一個目的地？遇見一個新的人？開啓一段新的生活？

在分手初期，有許多人仍會選擇停留。

不僅是因爲自己還在等對方回頭，改變彼此當初分手的想法，進而挽留。

期盼，是來自於終究放不下，還停在上一段關係中的自己。

你害怕失去這段關係，也會同時喪失了自我價值。

因為你從來沒有意識到，自己是一個多好的人，

好與不好，原本就是自己定義的，

無需透過一段關係或是藉由與一個人相處，而賦予意義。

在經營一段關係時，人們會在與他人的相處中，越來越瞭解自我，瞭解你所擅長的、缺乏的是什麼，用自己擅長的來照顧對方，而依賴對方自己所缺乏的特質。

但也因此，有時，會讓你不小心停止了成長。

忘記這段關係，應該要是讓你與對方變成一個更好的人。

直到分手後，你還是一樣。奢望對方的包容，渴望對方的理解。若只是原地停留，下次還是會遇到一樣的人，做一樣的事，經歷同樣分手的結局。

如果不願意從上一段關係來檢視自我的不足，只會一直陷入關係的負面循環。

後來你才很明白，你必須真正地離開。
分手，告別的不只是對方，也不只是上一段關係，而是那個仍身在上段關係中，還沒有意識到需要改變的自己。

你需要透過改變，讓自己遇到更好的人：

1. 透過上段關係審視自我缺乏的事物

回顧結束後的上一段關係，你會從彼此間的相處中，觀察到許多自己當初做得不夠好的地方。例如，從每次爭吵的話題中，理解並學習該如何與對方相處、對話和溝通等，而不是一味地濫用情緒與關係來勒索對方。又或者是從相處中的一些細節，來發覺對方的喜好、興趣、優點，學習如何鼓勵對方持續地培養與精進，讓這段關係以最好的狀態支持著彼此。

2. 嘗試培養多元的興趣與多方面交流

告別上一段關係後，你會先進入一段沉澱期，讓自己好好陪伴自己，透過這種與自我相處的方式，不

僅讓自我能夠療傷，同時也能讓自己持續成長，培養更多興趣、專業或能力，以及與更多人交流，找到自己新的生活平衡，準備好自我心態迎接下一段關係。

也許，你偶爾還是會想起，曾經那些美好的過往；或許，你有時還是會回憶，曾經那些吵鬧的紛爭。

只是你再也想不起，當初在一起時的那些細節。
但你會很感謝這段過去，因為有它，才讓你成長變得更完整，豐富了自己的生命。

想送你一條被子，
就這樣做一輩子
好朋友。

還記得，多久沒有與他聯絡了嗎？

如果用關係親密度來劃分，基本上感情關係可以簡單歸類成親情、友情、愛情，其中相較於親情與愛情來說，友情關係的建構容易受到多方因素影響考量，有時甚至可以說朋友無非只是因為某些利益而短暫建構的關係，因此在關係上來說相對脆弱。

然而，友情，也可以視為關係建構的開始。
幾乎所有人之間的感情關係，都是先從友情，才慢慢發展出一段更深入的關係。

事實上，友情關係能夠根據彼此相識的程度劃分成陌生人、利益關係、普通朋友、摯友、生死之交等。這裡提到的陌生人，指的是關係最為疏遠或毫不相干的人，只是基於道德利益上的考量可能會幫

助你的人。而友情關係，也會隨著彼此間深入相處而變得更緊密，社會學家伯維利・費爾（Beverley Fehr）認為，兩人的關係會透過持續的自我揭露，逐漸轉化為更深層的友誼關係。當時的你認為，在這世界上真的會有那麼一個人能懂你，願意用自己的一切來包容你的不完美。

無論是哪一種親密關係，勢必都需要關係中的一方願意跨出第一步，冒著可能遭受背叛的風險與對方交流，分享自己的小秘密。過程中，若是雙方都有共識，願意嘗試自我揭露，就能使得這段關係變得更加親密，由此展開一段新關係，例如，從朋友變成摯友、閨蜜；朋友變成情人等。

在與對方交流互動的過程中，其實你也在為對方的所有行為，甚至他這個人進行評價，判斷眼前這個

人是否值得深交，這段友情關係是否值得自己的付出、維繫。

同時，一段友情中最重要的是能為雙方帶來情感支持，你可以在興趣、喜好等方面接受並支持對方，讓對方感覺到兩人是相似的，能夠理解他的，這將會為你們的關係帶來正向的凝聚力。

但是，即便你不同意對方的某些言論或想法，也應保持尊重，因為你不是他、他也不是你，你不知道、也不會理解對方曾經歷過什麼。基於彼此的生活經驗、成長背景不同，我們不該站在不同角度來評論同一件事情，反而應具備同理心，來看待對方不同的想法並溝通協調。

那麼，該如何維繫一段友情關係呢？最重要的就是

在獲得與給予之間取得一個平衡。

你不該要求或強迫對方在這段關係中扮演給予的角
色，他給你的支持應該是自發性的。
此外，你也該為自己的關係設下停損點，而不是一
味地討好對方。

唯有給予適當的支持與鼓勵，才會讓你們更加信任
對方，對關係經營有所助益。

我不是沒心，
只是心早已空無一人。

想和你一起去買台鋼琴，因為有琴人終成眷屬。

「我需要的不多，就只有你。」

人們總是需要透過不同關係的互動來滿足自己。
與戀人的相處得到親密與陪伴，與朋友交流得到支
持與鼓勵。

與每一位關係對象的相處模式，決定了我們在關係
中期待的給予以及獲得。

世界上不存在一種能夠完美滿足自身所有需求的關
係，因此我們會在不同關係的互動中，索取想像中
應得的關係回饋。同樣地，我們總是期待能透過戀
人、家人、摯友等重要他人滿足自身更多的需求，
但是在滿足自己的同時，卻也限制了自我。

比方說，我們都能夠從戀人與朋友身上獲得支持與歸屬，但相對來說，若是這段關係對你而言越緊密，在某個程度上就越容易受到束縛與限制。

若對方與你的互動無法滿足你對關係的期待時，勢必也將伴隨不同程度上的失落。

當我們無法滿足於當前關係時，除了透過溝通、協調來讓彼此的相處昇華外，人們常選擇的方式就是從關係中出逃，直接開創另外一段新的關係。同時，將自我期待投射到新關係上並賦予其意義，以此說服自己從不同關係也能獲得同樣的滿足。

簡單來說，若是無法從朋友關係的互動中得到歸屬感，就會期待從另一半身上獲得；或者是親密的另一半無法滿足你對關係的渴望，就會期待從朋友或家人身上得到愛與歸屬。

但有時也只是暫時的滿足罷了。

就如同生活中的替代品，只能夠短暫滿足日常所需，到頭來，還是必須找到真正長久適合自己的生活方式。

對於每個個體來說，即便都能獲得支持與鼓勵等情緒感受，但每段關係能夠帶給一個人的意義都不同。來自家人與朋友的支持或鼓勵，對你來說，又是一件不同的事。

就因為每段關係都有親密程度之分，所以我們對關係的期待程度，也會隨著親密程度的增加而倍增。但並不是每段親密關係都能夠被代替或轉換，我們仍舊需要透過參與不同形式的關係，讓自己學習與他人相處、找尋自我方向、滿足愛的需求。

舉例來說，我們會從朋友身上得到關懷、支持與陪伴，但跟家人或戀人所能給予的相比，又是截然不同的感受與滿足。這並不代表關係有所謂的高低位階之分，而是對我們而言，每一種形式的關係都很重要，都有無法取代的地位，也唯有與不同的關係他人互動、相處，才能從中形塑出最完整的自我。

這一生，我會喜歡很多人。

但，最愛你一個。

受夠愛情毒藥，
回來嚐嚐孤獨。

討厭下雨天談戀愛，
因為這樣會濕戀。

即便在告別上一段戀情之後，人們還是很容易受到它的影響，

變得迷惘及失去對生活的方向與目標。

此時，可以嘗試一些不同的事情，來幫助自己宣洩壓力，重拾信心、迎接下段愛情。

「從此，你我再也無關。」

Ⓐ 放下自己（留下過往事物回憶）

1. 待在角落大哭。	10. 寫日記來記錄情緒。
2. 一個人去看海。	11. 確認自己還有什麼遺憾。
3. 一個人聽情歌。	12. 檢視上一段感情缺口。
4. 與家人、摯友、閨密聊天。	13. 刪除曾經的合照。
5. 在床上對著枕頭吶喊。	14. 停止聯絡前任的想法。
6. 刪除過往的貼文。	15. 保留僅剩的尊嚴。
7. 和編編預約聊天。	16. 和過去的自己說謝謝。
8. 斷絕對方一切消息。	17. 最後和前任說聲再見。
9. 學會捨棄一些承諾。	

「孤獨，讓你習慣一個人生活。」

❸ 放過自己（找回自我時間空間）

18. 趴在床上睡一整天。	28. 重新習慣一個人孤獨。
19. 放縱自己去吃到飽。	29. 看一部浪漫愛情電影。
20. 沉澱自我情緒。	30. 嘗試園藝，養活一株盆栽。
21. 規劃一個人的旅遊。	31. 為自己烹飪一道食物。
22. 參加新的活動體驗。	32. 沉浸在一段工作生活。
23. 享受甜點下午茶。	33. 一個人去購物。
24. 培養一個新的興趣	34. 傾聽內心的聲音，與自己來場深度的對話。
25. 做一件以前很想做，但沒有完成的事。	35. 練習專注在一件事上，任何小事都可以。
26. 挑一本書閱讀。	36. 玩一場從來沒玩過的遊戲。
27. 一個人漫無目的散步。	

「你是誰，由你定義。」

❸ 愛上自己（重新建立自我價值）

37. 開始健身運動。	41. 去當一天的志工。
38. 給自己一個溫暖的擁抱。	42. 每天起床時鼓勵自己。
39. 好好重新打扮自己。	43. 重新整理自己的東西。
40. 每個月給自己一份驚喜。	

「準備好，等愛再次來到。」

ⓓ 準備自己（變成一個更好的人）

44. 嘗試找尋下一段關係。	48. 保持對這世界的微笑。
45. 養成面對新關係心態。	49. 玩交友軟體參加聯誼。
46. 回顧是否已經放下前任。	50. 敞開心胸，對於未來不再受限。
47. 重新理解自己對關係的要求。	

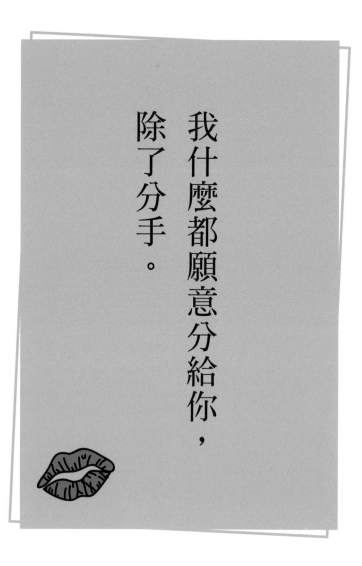

我什麼都願意分給你，除了分手。

「我還是很喜歡你，但卻少了點在一起的藉口。」

人們常說，在一起並不需要理由，只要感覺對了就夠；但分手卻要一堆理由，才能迫使關係中的雙方願意分開。對於你來說，一段關係的存留，要多少理由才足夠？

通常來說，出現分手的理由雖然會影響你對當前關係的看法，卻不會直接影響你對關係的期待與投入。人們通常會包裝這些理由，選擇一個自己能夠接受的詮釋方式，然後說服自己去接受這些理由都只是短暫出現而已。接著，透過與關係中另一半的親密交流，來抵銷這些負面感受。

即便對方無法完全滿足並減輕你的分手理由，你也會因為害怕失去這段關係而產生一種自我保護的逃避心態，說服自己，對關係仍應該保持積極正向的

看法，這樣一來也會比較好受。

但是，這樣的情形沒辦法持續太久，因為好感總有一天會抵銷完畢。

相對地，若是當初在一起的理由消失，其實就很容易能夠放下，甚至是放棄這段感情關係。對你來說，你已經失去對另一半的期待，不再在乎對方能夠為你帶來什麼、滿足你愛與歸屬的渴望。因此，相對而言，這樣的分手模式會比較輕鬆。

放下，其實只是自己體認到了某些事實，而這些事實已經無法改變，只能選擇接受。

回過頭來，對於挽回感情這件事，通常會發生在彼此仍然還有想在一起的渴望。若是想要重新復合，就要先思考清楚該如何處理當初雙方分手的原因，

解決那些會直接影響關係好感的問題或誤會，讓彼此能重新評估與審視當前關係；而不是利用彼此對對方的好感，勒索彼此都應該要為這段關係持續付出，盡自己義務來維繫。

談戀愛，是一種共識、一種願意為當前關係付出努力共同維持的心。

當初你們相愛的理由，並不是要綁住彼此。
而是在這段關係中，你們都願意接納雙方最真實的模樣。

在看過這麼多書之後，我發現我只想念你。

「不要為了一時的賭氣，成全一段完全看不到未來的愛情。」

對你而言，一段關係的決裂只需要一個人，還是兩個？

明明對於關係而言，無論是建立、維繫、破壞、消失等各種情境，都象徵聯繫著兩端彼方的人，應該對當前這段關係有所責任。因此，對於分手，也應該是兩個人共同的決定。

當一方失去對關係的渴求，另一方也不好再說什麼。因為這樣只會顯得自己更加懦弱不堪，居然需要一個不愛自己的人來愛自己。

對於這段關係，還抱持著不切實際的理想，還盼望著、堅信著當初許下的承諾。

當相愛的兩人走到分離階段，往往會有兩個選擇，「不再聯絡」與「再聯絡」。

不再聯絡，就是分手後不再有以後，讓一切停留在離開的那個十字路口。
然而，再聯絡卻是一個截然不同的選擇，它象徵彼此還有復合的機會。

簡單來說，在處理並解決當初分手的理由後，兩個人會重新審視當前關係，期待彼此是否還有機會，喚醒彼此曾經對雙方愛的渴望，以及憧憬著能活在有對方的未來。

挽回其實也有很多種情形。最好的，大概就是彼此

願意放下過往，然後重新相愛。

但多數時候，復合只是一個人的期待，另一個人的失落罷了。

想要重新復合的雙方，勢必要先有一個清楚的共識，就是在重新相愛後，彼此都願意再爲當前關係經營付出，而不是重新回到分手前的階段再來一次。因此，重建關係前，應該要先思考幾個問題：

1. 尚未好好處理分手問題

復合前，關係中的每個人都應該好好思考當初分手的原因，是否能夠處理？是否能夠解決？每個人都應該爲彼此改變或成長，否則只是重新談一次即將分手的戀愛。

2. 失去繼續在一起的理由

分手後如果要復合，很重要的一點是，要先確認當初在一起的理由是否已經消失？重新喚起雙方對感情關係的重視，對於一段關係的修復是必要的課題。

3. 對先前關係已留下陰影

事實上，人們時常會因為某些事情做不好、做得不完美，而選擇性地逃避結果；而某些人對於一段最後沒有好結果的感情，也會會容易選擇逃避，放棄再次相愛。

4. 面對失去已經坦然接受

復合除了講究「重新審視關係」，另外一個很重要的則是復合的時機點。我們總不可能在很久很久以

後，雙方都已經重新展開一段新關係時，再提出復合的選擇。因爲此時，每個人都早已接受當初分離的事實，並且已經爲放下過去的關係做過努力。

要不要在一起，沒有正確答案，
但是千萬別讓自己後悔。

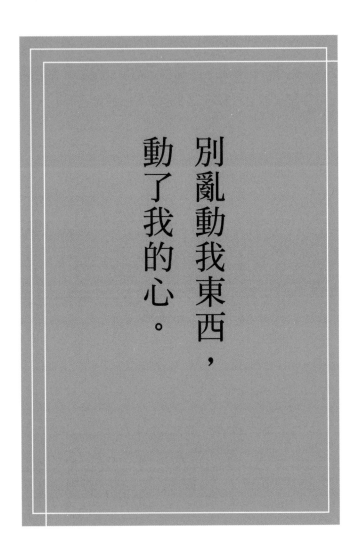

別亂動我東西，
動了我的心。

「挽回，晚了救不回。」

挽回，不是一種委曲求全，而是再次鼓起勇氣追求愛的方式。但，這不代表每一段感情，都適合挽回對方。

一段良好關係的發展，應該是關係中的雙方都處在相同高度的地位，關係中的所有互動交流都平起平坐。雖然，不可避免愛情本就是一方付出、給予，一方獲得、索取，但這樣的角色扮演，應該是時常輪流交換的，而非固定一人飾演。

相較於良好穩定的感情關係，人們普遍只習慣扮演其中一個角色。一方擔任給予、另一方則持續付出，這樣的感情關係會產生權力不對等的狀態，導

致彼此在相處上不斷產生衝突，最終容易走上分手。事實上，即便分手了，也很容易被對方挽回。

因為付出較多的一方，通常是對親密關係較為渴望的一方，會期待對方給予一點關心與問候，只要這樣就能夠滿足自己被需要的心情。有點卑微的犧牲奉獻，導致他們在面對無數次的感情分離時，都會採取同一種態度——「等待挽回」。

對於他們來說，只要對方10次中有1次真心的回覆，就足夠了。不僅是因為他們不太有自信，同時也是因為過去時常被感情關係中的另一半被拋棄，作為關係中較為弱勢的一方，使得他們在面對關係時，普遍會感到不安與害怕。

此外，在個性上，他們是一群為了他人而活的人，習慣透過無償付出、被他人需要的感覺來證明自我價值。簡單來說，他們會合理化自己付出的行為，只是為了得到一點被在乎、被關心的感受，縱使這

樣的付出會讓自己失去更多東西。

因此，如果可以，請學會拒絕與放下。
「請堅信，你值得被愛，不需要多卑微、多難堪，
總會有一個適合你的人到來。」

放棄挽回那些對你不好的人，
放下那些對你有刺的感情關係。
他們只會從你身上剝奪最美好的事物。

挽回的本質並非是回歸過去，而是開創一段嶄新的
未來。請不要為那些不願意成長的人停留，請學會
放棄然後繼續往前走，你才會明白如何愛與被愛。

「愛的本質是用心付出，對於那些沒心的人，就別
再談愛。」

想充電時就看著你，因為你會對我放電。

人們是時常後悔的動物，上一秒做出的決定，下一秒就想要放棄。

談戀愛也是如此，雖然表面上說好要分手，但你卻在對方背影消失在街頭時，眼淚不禁潸然落下，情緒一時忍不住宣洩而潰堤。彼此過往的回憶點滴滴湧上心頭，想起與對方的曾經，無論是美好的或不美好的，當時的你是最幸福的人。

但現在的你，很不好。

第一次嘗到失去的滋味，對你來說，這撕心裂肺的痛就像在傷口上撒鹽。你害怕這次的失去，真的會讓你完全失去這一個人。

如果，你曾深愛過一個人，就會知道失去帶來的失落感有多大。不僅會影響你的情緒，甚至會充斥在你生活中的各個角落。

頓時失去了方向，完全沒有頭緒，自己到底在做什麼、為什麼出現在這裡，同時開始懷疑起自己的人生、自我的價值。

因此，你也無法顧及最後僅存的尊嚴，想再次追上對方，只為問一句：「我們復合，好嗎？」

關於挽回，無論是主動或被動分手，只要當初切斷過感情關係，就必須要付出一定的代價。

1. 重新定義關係

復合前，你們一定會先經歷一段重新審視彼此關係的階段。這時的你們，要學會沉澱情緒。

回顧當初分手的理由，即便過去你們之間曾有過很

美好的回憶，但你也許只會記得最後對方留下的差勁行為，並給予對方極差的評價。同時，因為距離拉遠，你們有更多時間思考當初在一起的種種互動模式哪裡出現問題，透過自我分析、相互指責，意識到對方預期的相處方式。

2. 修復先前關係

分手後，最忌諱馬上提出復合，會讓人感覺自己不被尊重，只是在玩弄彼此的感情關係。

就算是過了一段時間的沉澱，你們仍然處於一個極其尷尬的狀態，可能彼此仍有好感，但礙於當初提出分手，所以沒有人願意主動修復先前關係，使得成長後更為成熟的雙方，錯失能獲得愛的機會。

在這個階段，我們應該要學會適當關心並建立友好聯繫，不要太過深入與追求對方。不僅是因為你已經沒有關心的理由，甚至也會讓對方覺得你的反覆

為他帶來壓力。

在經歷這兩個階段後，如果雙方仍然對先前關係保持好感，你們就會意識到還有在一起相處的可能性，屆時請好好把握這份得來不易的幸福。

復合，不是付出就會合，而是復原才會合。

感情本身沒有錯，
只是你沒有選對。

我想找你，
卻找不到你，
原來你
一直都在我心裡。

愛情中，最銘心刻骨的痛是分離；明明還愛著，卻又被迫失去這段關係。

如何面對「失去」，往往是經營一段親密關係中，最值得學習的課題。

但，人們卻鮮少為「失去」做準備，使得情侶們普遍在面對分手時，顯得倉促又徬徨。不僅不知道該如何面對處理與關係相關的人事物，甚至也很容易讓自己迷失在負面情緒中。

那是因為，人們對關係經營的看法總是建立在自我對愛情的美好想像。

沒有人想到，也沒有人想要，談一段可能會分手的戀愛。

事實上，一段關係既然會開始，那總有一天終究會面臨結束。

無論是在一起的理由變了，還是分手的理由出現了，又或者是彼此都被迫放棄這段關係。

即便是最長久的，當一方生命走到終點時，我們也該坦然面對失去。

因為失去是必然的，因此，在經營關係時，從開始到結束，我們都應該做好準備。

學會與「失去」相處，學會如何自我療傷。

1. 接受並坦然面對事實

在人們剛確定失去一段關係後，會因為大量負面情緒與不甘接受現況的矛盾感，容易產生否定事實的心態，而為了緩解或消弭這種情緒衝突，通常會選

擇逃避接受現狀。甚至是變相地指責對方，為何要放棄當前關係以及出現傷害對方的行為。

但這樣的方式，其實只會讓對方更加厭惡你。

面對失去，本來就並不是一件容易的事。
唯有直接面對失去，你才能開始自我療傷，重新開始，勇往直前。

你必須理解「分離」，已經成為既定事實，而不是一直放縱自我，讓自己深陷在等待一段沒有人會再次回應的關係中，只是一味地等一個等不到的人。

2. 覺察並接納自我情緒

在接受失去另一半的事實之後，大量的負面情緒會伴隨你與對方過往的甜蜜回憶，一同襲捲而來。過去，你有多喜歡對方，為了這段關係投注多少心力，你就會感受到多少的負面情緒。

因為，那是你曾經愛過的證明，只是你現在再也無法、也沒有理由再愛了。

在這個階段，透過覺察負面情緒，包含悲傷、厭惡、害怕、不安、膽怯等，你能夠理解自己在面對分離的時候，會產生怎樣的反應，你也才會知道該如何接納並處理它。

例如，面對悲傷時你會選擇哭泣；感到不安時會想找朋友、家人聊天說話；覺得焦慮時，你會透過做一些自己喜歡的事情來轉移注意力等。

面對情緒、處理情緒，最後放下情緒。
漸漸地，你會從與自我相處中，重新認同並找到價值。
而這段過程，便是最好的自我療傷方式。

3. 放下並準備下段關係

面對失去的最後一個階段，叫作「放下」。

人們時常誤解，放下是一個遺忘或拋棄過往的過程。但這無疑是懷疑自己當時在面對關係的方式。

其實，放下指的不過是人們具備能夠坦然面對並珍惜過去的能力。
當你能夠微笑地與他人談論自己曾經歷的一切，那時候的你，就已經放下了。

在放下之後，你會重新獲得愛人的勇氣。
而那時的你，早已經準備好，再去愛。

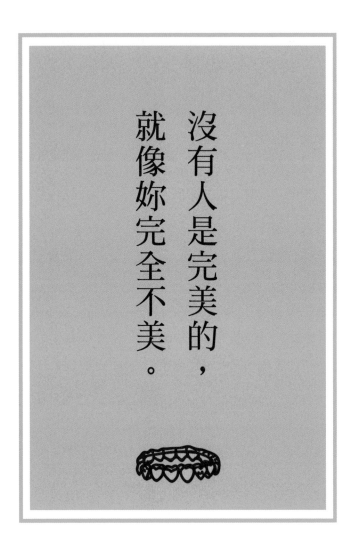

沒有人是完美的，就像妳完全不美。

你曾想過，人為什麼要談戀愛嗎？

事實上，每個人談戀愛都有不同目的，

也許是想要填補內心的寂寞空虛，

或許是因為要安排人生家庭規劃。

基於不同原因、目的，在經過一連串的選擇取捨

後，就會獲取不一樣的愛情結果。

在這段關係經營過程中，有一樣東西是非常珍貴，

但人們卻鮮少瞭解並體會的。

簡單來說，「談戀愛的過程」能夠幫助人們進行自

我探索。

在與另一半相處互動的過程中，遭遇不同事件時的

溝通、協調與磨合，會讓你更清楚理解自己的個性

和想法，並從中建構與培養出一套應對邏輯。

雖然這套思考邏輯，會隨著彼此磨合而不斷地改變

調整，但它仍是相對直覺的，能夠反映出一個人當下最直接的感受。

你會從與對方互動的過程中，釐清自己對關係的需求與期待。

另一方面，人們在嘗試建立一段感情時，都會受到與自己相似或互補的人所吸引。藉此知道自己偏好與嚮往的優點、能力，甚至是比較詳細的興趣、價值觀與人格特質等。

因此，也有人說，

談戀愛，就是一次愛上自己的過程。

最初，尚未在關係中成長的自己，有著許多不太美好的性格與缺點。

但自從遇到一個願意包容、愛惜自己的另一半時，對方所給予的喜歡和同理，帶來的溫暖感受，能夠讓身處關係中的自己，相信並接納自身的不完美。

同時，我們也會因爲受到自己與他人期待的影響，
慢慢地改善自我、擁抱自我、接納自我，並成爲更
好的人，

也許，正因為我們都不完美，
才會更加期盼有一段完美的愛情。

而這段完美的愛，始終來自不完美的我們。

為何我們這樣相愛，那樣分手？

作　　者｜幹話心理學
繪　　者｜米斯特 miisteros
發 行 人｜林隆奮 Frank Lin
社　　長｜蘇國林 Green Su

出版團隊

總 編 輯｜葉怡慧 Carol Yeh
主　　編｜鄭世佳 Josephine Cheng
企劃編輯｜楊玲宜 Erin Yang・高子晴 Jane Kao
責任行銷｜鄧雅云 Elsa Deng
封面裝幀｜木木 Lin
版面構成｜譚思敏 Emma Tan

行銷統籌

業務處長｜吳宗庭 Tim Wu
業務主任｜蘇倍生 Benson Su
業務專員｜鍾依娟 Irina Chung
業務秘書｜陳曉琪 Angel Chen・莊皓雯 Gia Chuang
行銷主任｜朱韻淑 Vina Ju

發行公司｜悅知文化　精誠資訊股份有限公司
　　　　　105台北市松山區復興北路99號12樓
訂購專線｜(02) 2719-8811　　　訂購傳真｜(02) 2719-7980
專屬網址｜http://www.delightpress.com.tw
悅知客服｜cs@delightpress.com.tw
ISBN：978-986-510-153-4
建議售價｜新台幣340元　首版一刷｜2021年07月　三刷｜2021年08月

國家圖書館出版品預行編目資料

為何我們這樣相愛,那樣分手?／幹話心
理學 著. -- 初版. -- 臺北市：精誠資訊,
2021.07
　　面；　公分
ISBN 978-986-510-153-4 (平裝)
1.戀愛心理學 2.兩性關係

544.37014　　　　　　　　110008600

建議分類｜心理勵志

線上讀者問卷 TAKE OUR ONLINE READER SURVEY

在愛上別人前，請先愛自己。

———————《為何我們這樣相愛，那樣分手》

請拿出手機掃描以下QRcode或輸入
以下網址，即可連結讀者問卷。
關於這本書的任何閱讀心得或建議，
歡迎與我們分享 ☺

https://bit.ly/3cHITQH